Der Matterhorn-Trek

Iris Kürschner

Der Matterhorn-Trek

In neun Etappen um den Berg der Berge

AT Verlag

Val d'Anniviers
St-Luc
Hotel Weisshorn
Meid-pass
Gruben
Augstbord-pass
Embd
Grächen
St. Niklaus
Turtmanntal
Turtmannhütte
Mattertal
Col de Torrent
Val d'Hérens
Lac de Moiry
Zinal
Brunegghorn
Evolène
Villa
La Sage
La Forclaz
Les Haudères
Cabane de Moiry
Weisshorn
Randa
Europahütte
Kinhütte
Ferpècle
Zinalrothorn
Mettelhorn
Täsch
Täschhütte
Dent Blanche
Arolla
Zermatt
Oberrothorn
Sunnegga
Schönbielhütte
SCHWEIZ
Hörnlihütte
Stockhorn
Gornergrat
Matterhorn
Col Collon
ITALIEN
Theodulpass
Breuil-Cervinia
Praz Raye
1
2
3
4
5
6
7
8
9

Inhalt

Die Etappen

Vorwort

Man muss gar nicht weit in den Süden reisen. Exotik findet sich schon ganz in der Nähe, schliesslich ist das Matterhorn geologisch gesehen der nördlichste Punkt Afrikas, das Wallis lockt mit mediterranen Temperaturen und 2094 jährlichen Sonnenscheinstunden, die Kuhkämpfe der temperamentvollen Eringerrasse versprühen einen Hauch von Spanien, und am Augstbordpass trifft man mitunter auf tibetische Yaks ... All das lässt sich auf dem Trek rund um das Matterhorn erleben.

Das klingt verlockend, dachten meine Freunde und ich. Wir schnürten unsere Trekkingschuhe, warfen den Rucksack auf die Schultern und brachen auf, das Bruchstück Afrikas auf Schweizer Grund zu umrunden. Das Mattertal hüllt sich in Wolken, als der Zug uns in St. Niklaus ausspuckt. Eine kleine Privatgondel hievt uns in die Höhe. Auf der Alp Jungen sind wir der Sonne schon ein Stück näher. Mystisch wabert der lichtdurchflutete Nebel zwischen den urigen Steinhäusern und Holzstadeln. Eine herrliche Stimmung. Voller Elan schreiten wir bergwärts durch die würzige Alpwiesenluft. Da baut sich ein schwarzes Monster vor uns auf. Erschreckt springe ich zur Seite. Sonore Glockenschläge begleiten das Wiegen eines gewaltigen Kopfes. Aus dem faltigen Gesicht starren uns glänzende Augen angriffslustig an. Dampfspeiend die Nüstern. Der Nebel lichtet sich etwas und enthüllt das Prachtexemplar einer Eringerkuh und ein paar Schritte weiter gleich eine ganze Herde. Kampfkühe, schiesst es mir durch den Kopf. Nix wie weg. Da kommt ein «Hippie» wie aus dem Bilderbuch, mit Piercing und Dreadlocks, auf die jeder Bob-Marley-Anhänger neidisch gewesen wäre. Ein lässiger Gruss, dann treibt er seine Herde zusammen und verschwindet wieder im Nebel. Emanzipiertes «Heidi»-Leben des 20. Jahrhunderts. Man verpasst doch irgendwie den Anschluss, wenn man in der Stadt lebt, meint einer meiner Begleiter und marschiert zügig los, um den Kulturschock hinter sich zu lassen. Schnell ist der Schreck vergessen, als sich die ersten Bergspitzen aus den Wolken schälen. Ulrichshorn, Nadelhorn, Dürrenhorn, Täschhorn und der Dom, der alle Hörner der Mischabelgruppe überragt. Atemberaubend! Nach endlosen Kehren zum Augstbordpass hinauf der nächste Traumblick ...

Selbst wenn man die Region und die einzelnen Täler schon sehr gut kennt, stösst man doch immer wieder auf eine Fülle neuer aufregender Entdeckungen und Perspektiven. Der Matterhorn-Rundweg offenbart eine Vielfalt an Eindrücken, die

Wenn die Sonne hinter dem Matterhorn verschwunden ist, zeigt es sich vom Gornergrat aus als gewaltige Silhouette.

«Dieses Zermatter Massiv mit seinen erhabenen Landschaften, darunter das Matterhorn, bleibt das erstaunlichste Wunder, immer sich gleichbleibend und doch so vielfältig und verschieden wie das Meer.»
Charles Gros

ihresgleichen suchen, schafft einen belebenden Ausgleich zum Alltag und hinterlässt Erinnerungen, von denen man noch lange zehren kann. Er macht regelrecht süchtig nach erfrischender Bergwelt, und man wird möglicherweise wie wir immer wiederkehren.

Einen besonderen Dank möchte ich den lokalen Fremdenverkehrsämtern aussprechen, die mich tatkräftig unterstützt haben, ausserdem meinem Freund Ditz, der mir immer wieder Teile meiner schweren Ausrüstung geschleppt hat.

Iris Kürschner

Wegweiser am Europaweg, dahinter das Weisshorn.

Einstimmung

Wandern kann jeder und kann sich auch finanziell jeder leisten, denn diese Sportart verzichtet auf aufwendige Ausrüstung. Wandern ist eine der naturnahesten und umweltverträglichsten Freizeitbeschäftigungen überhaupt. Mit eigener Kraft Gebirgslandschaften und ihre Naturidylle zu durchwandern und mit offenen Sinnen zu erleben schenkt grosse Befriedigung und innere Ruhe. Immer mehr Menschen suchen diesen Ausgleich zum hektischen Alltag. In jüngster Zeit steht vor allem auch das Weitwandern bzw. Trekking hoch im Kurs. Der Begriff Trekking stammt ursprünglich aus dem Burischen und wurde von den holländischen Siedlern Südafrikas geprägt, die sich vor langer Zeit zu Fuss, zu Pferd oder mit dem Planwagen in eine unbekannte Heimat aufmachten. Heute bezeichnet Trekking das Bergwandern über längere Distanzen. Tagelang in der Abgeschiedenheit unterwegs sein, von Hütte zu Hütte, von Pass zu Pass, von Gipfel zu Gipfel, seinen Körper wieder zu spüren, seine Intuitionen und Instinkte wieder zu entdecken fördert ein neues Lebensgefühl, einen bewussteren Umgang mit der Natur und damit eine bessere Lebensqualität.

Der Matterhorntrek

Mythos Matterhorn – viertausendvierhundertachtundsiebzig Höhenmeter Träume und Fantasien, die im Kopf vieler Bergsteiger herumspuken, ob jung oder alt, Anfänger oder alter Hase. Und so treten sie sich Jahr für Jahr zur Sommersaison dort oben auf die Füsse. Doch ist einem wirklich nur auf dem Gipfeldach Verheissung und Erfüllung gegönnt?

Man muss den prominentesten der Schweizer Berge, den «Beau» der Alpen, nicht unbedingt besteigen. Manchmal ist es schöner, ihn mit etwas Distanz zu betrachten.

Eine eigenartige Faszination geht von Europas markantestem Berg aus. Jeder, der das Matterhorn von der Schweizer Seite aus erblickt, egal von wo, ob aus der Tiefe des Tals oder von einem der vielen Aussichtspunkte, ist überwältigt von diesem stolzen freistehenden Felszahn. Doch wie sieht es auf der anderen Seite aus? Von italienischem Boden ist er nicht wiederzuerkennen und hat dazu noch einen anderen Namen: Cervino. Und in den Tälern, die zu ihm hochstreben, heisst er Cervin.

Berühmte Berge zu umrunden ist zum Trend geworden. In den Westalpen hat mittlerweile fast jeder namhafte Berg, jedes Gebirgsmassiv mit Charakter eine Umrundungsroute. Vor allem die Fran-

Am Wegrand leuchten die Rosetten der Hauswurz, schaut ein Steinbockkitz neugierig zu.

zosen sind auf diesem Gebiet erfindungsreich gewesen, und so hat sich auch die französische Bezeichnung zu einem eigenständigen Begriff entwickelt. Tour du Vanoise, Tour du Queyras ... und als Klassiker ganz oben auf der Liste die Tour du Montblanc. Auch die Schweizer haben mitgezogen: Tour du Combin, Tour du Wildstrubel, Tour du Muveran, Tour du Monte Rosa ...

Und was ist mit dem Matterhorn, dem formschönsten Gipfel der Eidgenossenschaft, dessen Mythos sich in alle Welt verbreitet hat? Das hat sich eines Tages Valrando, die grösste Wandervereinigung der Schweiz, gefragt und eine Initiative in Gang gesetzt, gemeinsam mit den Fremdenverkehrsorten rund um das Matterhorn die schon bestehenden Bergwanderwege miteinander zu verknüpfen, um einen neuen Wanderklassiker zu schaffen. Im Sommer 2002 war es so weit, der Tour du Cervin, der Matterhorntrek, wurde eingeweiht.

Auf einem durchgehend gut markierten Höhenweg kann nun das Matterhorn in 8 bis 9 Tagen und 220 Kilometern umrundet werden. Dabei durchwandert man auf alten Handelsrouten sechs völlig verschiedene Täler und drei Kulturen – das deutsche Hochwallis, das französische Zentralwallis und die italienische Provinz Aosta. Die seit Jahrhunderten genutzten Bergpfade wurden zu einer eindrücklichen Runde verknüpft. Seit Menschengedenken hat auf diesen Wegen das Bergvolk der Walser, das sich einst in den entlegenen Tälern niedergelassen hat, Waren, Sitten und Gebräuche und kulturelle Errungenschaften ausgetauscht.

Atemberaubende Viertausender, prächtige Alpenflora, idyllische Alpen und Seen, spektakuläre Pässe und wilde Gletscherströme, rustikale Bergunterkünfte in grandioser Aussichtslage und romantische Dörfer säumen die Route und lassen den Alltag in weite Ferne entschwinden.

Auch wenn die Tagesetappen mitunter recht anspruchsvoll sind, ist der Matterhorn-Rundweg ein echter Gourmet- und Geniesser-Trek, denn die Etappen enden fast immer in den Tälern, und dort kann man dann je nach Gusto eine Unterkunft von der einfachen Berghütte bis zum gediegenen Hotel wählen. Dank dem gut ausgebauten Verkehrssystem kann man ausserdem die Länge der Umrundung nach Wunsch variieren, mit Postauto und Bahnen abkürzen oder auch einzelne Strecken zu Wochenendtrips kombinieren. Zudem ist die problemlose Rückkehr zu den Ausgangspunkten gesichert; dies gilt jedoch nicht für den italienischen Teil der Runde.

Vorbereitung

Grundvoraussetzungen

Damit das Wandern Spass macht, ist eine gute Grundkondition wichtig. Wer in seinem Alltag nicht genügend Bewegung hat, sollte mindestens einige Wochen vor dem geplanten Matterhorntrek damit beginnen und zwei- bis dreimal pro Woche je nach Gusto joggen, velofahren, schwimmen oder eine andere Sportart ausüben. An den Wochenenden sind idealerweise kleinere Wanderungen einzuplanen, deren Anspruch man allmählich steigert. Dabei bekommt man nicht nur einen aktuellen Eindruck von seinen Fähigkeiten wie Trittsicherheit, Schwindelfreiheit und Kondition, sondern kann auch gleich feststellen, ob der Rucksack und die Wanderschuhe bequem und ohne Druckstellen sind, so dass sich später Blasen vermeiden lassen. Wichtig ist in jedem Fall, dass die Schuhe gut eingelaufen sind.

Eine Weitwanderung braucht eine gute Vorplanung. Studieren Sie die Landkarte und machen Sie sich mit dem Gelände vertraut. Überlegen Sie sich schon vorab, wie viele Wanderstunden Sie bewältigen können, ohne sich zu überfordern. Schätzen Sie Ihre Kondition und Verfassung richtig ein. Im Allgemeinen bewältigen Bergwanderer pro Stunde vier Kilometer Wegstrecke und dabei 350

Meter im Aufstieg und 600 Meter im Abstieg. Die Erfahrung zeigt, dass grössere Gruppen langsamer sind und bei etwa vier Kilometern 300 Meter im Aufstieg und 500 Meter im Abstieg schaffen.

Die vorgestellten Etappen sind nur ein Vorschlag. Dank den Unterkünften unterwegs kann man sich seinen Wandertag auch kürzer oder länger gestalten. Die verzeichneten Marschzeiten entsprechen in der Regel den Angaben auf den Wegweisern, wobei jeder Mensch natürlich sein eigenes Tempo hat und seiner Kondition entsprechend wandern sollte. Wichtig ist ein langsamer und rhythmischer Gang mit kleinen Schritten und eine regelmässige Atmung; so werden Kräfte gespart, damit für unvorhergesehene Situationen wie Schlechtwetter, Abkommen vom Weg oder einen Notfall noch eine Reserve bleibt. Wer immer wieder anhalten muss, um Atem zu schöpfen, läuft zu schnell. Kleine Schritte erhöhen auch die Trittsicherheit.

Wichtig für die Leistungsfähigkeit sind ausserdem regelmässige Pausen, vor allem Trinkpausen. Man sollte nicht erst dann trinken, wenn sich ein Durstgefühl einstellt. Nur ein Teil des Flüssigkeitsverlusts erfolgt durch Schwitzen, der Hauptanteil geht durch das Einatmen über die Schleimhäute verloren. Je höher man in den Bergen steigt, umso trockener wird die Luft und umso mehr Flüssigkeit verliert man über die Atemwege. Viel trinken verhindert einen Leistungsabfall, und damit ist natürlich nicht Bier oder Wein gemeint, sondern am besten Wasser.

Zu einer Bergwanderung sollte man sich möglichst nicht allein aufmachen. Zu zweit oder in einer Gruppe macht es nicht nur mehr Spass, auch unvorhergesehene Situationen und Notfälle lassen sich besser bewältigen.

Umweltgerechtes Verhalten

«Hinterlasse nichts ausser Fussstapfen, nimm nichts mit ausser Fotos und Erinnerungen!» Diesen Leitsatz sollte man sich auf jede Wanderung mitnehmen und auch befolgen.

Jeder, der die Berge und ihre einzigartigen Naturoasen liebt, möchte, dass sie in ihrer Ursprünglichkeit erhalten bleiben. Dabei ist nicht allen bewust, dass bestimmte Verhaltensweisen zu einer Schädigung des sensiblen Naturhaushalts führen können. Mit dem ständig anwachsenden Bergwandertourismus ist die Erhaltung der Natur immer stärker vom Verständnis jedes Einzelnen abhängig.

Umweltgerechtes Verhalten fängt schon bei der Anreise an. Die Umweltbelastung lässt sich reduzieren, indem man mit öffentlichen Verkehrsmitteln anreist. Wer sein Auto zu Hause lässt, spart zudem nicht nur Benzin, er erspart sich auch den Stress des Verkehrs. Gemütlich im Zug sitzen und sich auf die Wanderung einstimmen und danach von einem beliebigen Ort wieder heimkehren können, das verdoppelt den Erholungswert.

Als breiter Eisstrom wälzt sich der Gornergletscher von der Monte-Rosa-Gruppe gegen den Kessel von Zermatt.

Dass die Alpen als «Playground of Europe» enormen Belastungen ausgesetzt sind und dass jeder einzelne Bergwanderer eine Mitverantwortung trägt, versteht sich von selbst. Dennoch scheinen viele Menschen beim Wandern arg vergesslich zu sein und lassen immer wieder Abfall zurück. Auch wenn bereits Abfall herumliegt, ist dies kein Freipass, es dem Vorgänger gleichzutun. Im Gegenteil: Warum es sich nicht zur Gewohnheit machen, neben seinem eigenen Abfall auch andere zurückgelassene Zeugnisse der Konsumwelt wieder hinab ins Tal mitzunehmen? Abfall hat kaum Gewicht, und das gute Gewissen kann die Lebensenergie noch enorm steigern. Daher: Nicht vergessen, einen leeren Sack für den Müll in den Rucksack zu stecken.

Auf den markierten Wegen zu bleiben hat durchaus seinen Sinn. Man schont damit den Lebensraum der scheuen Gebirgstiere, die ihre Energie für den harten Überlebenskampf brauchen und nicht um vor neugierigen Menschen zu flüchten. Serpentinenwege verleiten gerne zum Abkürzen. Dass dadurch die Erosion gefördert wird, ist nicht jedem bewusst. Häufig werden aus solchen Abkürzungswegen, wenn sie in der Falllinie verlaufen, Rinnen, durch die später Muren ins Tal abgehen können.

Nirgends ist die Alpenflora so schön wie auf den Bergwiesen. Werden die Blumen gepflückt, lassen sie schnell ihre Köpfe hängen, und das nicht nur die seltenen und geschützten Arten.

Wichtige Informationen von A bis Z

An- und Abreise

Am besten mit öffentlichen Verkehrsmitteln. Sehr gute Bahnverbindungen nach St. Niklaus und Zermatt sowie Postautoverbindungen ins Turtmanntal, Val d'Anniviers und Val d'Hérens.

Mit dem Zug durch das Vispertal nach Zermatt, hier Neubrück.

Zug: Sehr gute Anbindung von Norden auf der Bern-Lötschberg-Simplon-Linie (www.bls.ch), aus der Westschweiz über die Strecke Genf–Lausanne–Martigny–Brig und aus der Ostschweiz von Chur mit der Matterhorn-Gotthard-Bahn (www. mgbahn.ch) nach Visp. Allgemeine Fahrplanauskunft: www.sbb.ch.

Bei Start im Mattertal in Visp oder Brig umsteigen auf die Matterhorn-Gotthard-Bahn.

Postauto: Das Postauto erschliesst in der Schweiz auch die entlegensten Winkel der Bergtäler. Das Postauto-Ferienabonnement hat einen Monat Gültigkeit. Informationen unter: www.post.ch.

Auto: Mit dem Auto aus der Ostschweiz, von Zürich oder Basel via Bern nach Kandersteg. Dort mit dem Lötschberg-Autoverlad ins Rhonetal und je nach Ausgangspunkt weiter ins Mattertal, Turtmanntal usw.

Aus der Innerschweiz über Andermatt und Realp, dort entweder Autoverlad durch den Furkatunnel oder in vielen Kehren über den Furkapass ins Rhonetal.

Von Süden via Simplonpass, Grosser St. Bernhard oder von Chamonix über den Col de la Forclaz.

Ausrüstung

Das A und O einer jeden Tour sind gut eingelaufene, bequeme Trekkingschuhe mit hohem Schaft und rutschfester Profilsohle. Spezielle Wandersocken sorgen für ein besseres Fussklima, was Blasen verhindern kann. Für Wanderschuhe aus Leder eignen sich Socken mit hohem Wollanteil, für Goretex-Schuhe haben sich solche aus den neuen High-Tech-Materialien als geeigneter erwiesen.

Wichtig ist auch der richtige Rucksack: Er muss bequem sitzen, das Hauptgewicht sollte dabei auf dem gepolsterten Hüftgurt liegen. Schweres eher oben packen, Leichteres unten, so wirkt das Gewicht des Rucksacks erträglicher. Utensilien, die häufig gebraucht werden wie Sonnenbrille, Wanderkarte oder Handy werden in der Deckel- oder Fronttasche verstaut und sind so schnell griffbereit. Der Rucksack sollte nicht zu stark vollgestopft sein, damit er nicht am Rücken anliegt und Druck- und Scheuerstellen verursacht. Einige Hersteller bieten auch Rucksäcke für Frauen an, die den weiblichen Körperproportionen besser angepasst sind.

Bei der Outdoor-Bekleidung hat sich in den letzten Jahren viel getan. Nicht nur sorgen frische Farben und dem Körper angepasste Schnitte für ein flottes Aussehen. Auch das Material ist strapazierfähig, schnelltrocknend, wind- und/oder wasserabweisend und dennoch atmungsaktiv, und vor allem ist es in den meisten Fällen auch leichter geworden. Zahlreiche Tests beweisen, dass hochwertige Ware letztlich preiswerter ist als Billigware, die ihre Funktionstüchtigkeit in der Regel schnell verliert. Auf Wanderungen kleidet man sich nach dem «Zwiebelprinzip», so dass man je nach Wettersituation Schicht für Schicht ablegen kann. So spart man Gewicht und ist dennoch für jedes Klima gerüstet.

Teleskopstöcke erleichtern steile Auf- und Abstiege und sind eine wertvolle Balance-Hilfe beim Überqueren von Firnfeldern. Beim Kauf sollte man auf eine sogenannte Antischock-Federung achten, die Handgelenke und Arme schont.

Die Zusammenstellung der Ausrüstung hängt davon ab, wo man übernachten will. Unterwegs gibt es selbst traumhafte, einsame Orte für Zeltfreunde, die gerne schwer tragen (dann gehören Kocher, Zelt, Schlafsack, Thermarest/Isomatte usw. dazu).

Vorschlag zur Grundausstattung:

- feste Wanderschuhe und Wandersocken
- Unterwäsche, Waschutensilien
- strapazierfähige, bequeme Hose
- wind- und regendichte Jacke
- warmer Pulli
- Regenschutz
- leichte Handschuhe
- Stirnlampe

- Landeskarten 1:50 000, Blätter 274 T Visp, 283 T Arolla, 284 T Mischabel, 273T Montana, 293 Valpelline
- Taschenmesser
- Nähzeug
- Notfallapotheke
- Pflaster, am besten Compeed
- Trinkflasche oder/und Thermosflasche
- Sonnencreme
- Sonnenbrille
- Proviant/ Energieriegel
- Müllsack

Alpine Ausrüstung, Ausrüstung für Bergführer

Einige Routenabschnitte setzen alpine Erfahrung und Ausrüstung voraus. So die Etappe 7 über den Arollagletscher zum Col Collon, die Etappe 8 am Col di Valcornera sowie die Etappe 9 am Theodulgletscher.

Gletscher sollten grundsätzlich nur angeseilt überschritten werden. Dazu empfiehlt sich ein 30 Meter langes Seil mit einem Mindestdurchmesser von 10 mm und ein Anseilgurt. Dabei nützt es nichts, wenn man sich mit der Handhabung der Utensilien nicht auskennt. Wichtigste Regel: Die Seillänge zwischen den einzelnen Personen ist bei Gletscherbegehungen möglichst lang zu halten, während bei Kletterabschnitten mit Absturzgefahr die Seillänge so kurz wie möglich sein sollte. Das Seil ist dabei stets leicht gespannt zu halten.

Auch die Tageszeit spielt bei einer Gletscherüberschreitung eine wichtige Rolle. Ein Gletscher bewegt sich aufgrund seiner Masse und der Schwerkraft talwärts. Über Hindernissen im Untergrund reisst die Eismasse, es bilden sich Spalten und Eisbrüche. Im Winter werden die Gletscherspalten vom Schnee bedeckt, im Sommer apern sie langsam aus, und es bleiben Schneebrücken zurück. Diese sind morgens in hartgefrorenem Zustand meist sicher zu begehen. Durch die bis zum Mittag zunehmende Wärme verlieren die Eiskristalle ihre Bindung und die Schneebrücken somit auch ihre Tragfähigkeit. Für Gletschertouren gilt also immer ein früher Aufbruch. Noch bevor die Sonne im Zenit steht, sollte man den Gletscher bereits hinter sich haben.

Gefährlich sind nicht die Spalten, die man sieht, sondern zugeschneite Gletscherpartien, wo niemand weiss, was sich unter der harmlos wirkenden Schneefläche verbirgt, deshalb die Anseilpflicht. Durch unterschiedliche Schneefärbung und angedeutete Vertiefungen lassen sich Spalten erahnen. Durch Sondieren mit dem Eispickel oder Teleskopstock kann man sich Gewissheit verschaffen.

Höhepunkt des Treks ist der Europaweg mit Postkarten-Ansichten des Matterhorns.

Ein bequemer Rucksack, intelligent gepackt (oben schwer, unten leicht), macht einen längeren Trek halb so anstrengend.

Die relativ flachen Gletscherübergänge des Arolla- und Theodulgletschers sind bei gutem Wetter problemlos, bei Nebel gilt jedoch äusserste Vorsicht. Im Zweifelsfall organisiert man vorher einen Bergführer. Die Adressen sind bei den jeweiligen Etappen angegeben. Eine Übersicht liefert die Internetsite des Schweizerischen Bergführerverbandes: www.bergtourismus.ch.

Information allgemein

www.tourducervin.ch

Wallis Tourismus, Telefon +41 (0)27 327 35 70, Fax 027 327 35 71, info@valaistourism.ch, www.wallis.ch

Kartenmaterial

Trotz der modernen Technik von GPS und Höhenmeter ist die Karte nach wie vor das wichtigste Hilfsmittel zur Orientierung im Gebirge. Wichtig ist dabei, dass man sie auch richtig lesen kann. Buchtipp: Eugen E. Hüsler, Kartenlesen, Bruckmann Verlag.

Hervorragend sind die Landeskarten der Schweiz (www.swisstopo.ch). Die ideale Wanderkarte zum Matterhorntrek ist der Massstab 1:50 000, da darin die rot eingezeichneten Wanderwege ein schnelles Erfassen der Route ermöglichen. Kartennummern mit angehängtem T kennzeichnen die Blätter mit farbiger Markierung. Benötigt werden die Blätter 284 T Mischabel, 274 T Visp, 273 T Montana, 283 T Arolla, 293 Valpelline.

Literatur

Mario Colonel, Le Tour du Cervin – la plus belle randonnée des Alpes, Arthaud Verlag, Paris 2002. Nur auf Französisch, aber mit vielen schönen Stimmungsbildern.

Bernhard Rudolf Banzhaf, Alpinwandern Wallis, SAC Verlag, Bern 2003, auch mit Beschreibung der Matterhorn-Tour.

Markierung und Wegzustand

In der Schweiz ist die Markierung überall einheitlich. Wanderwege sind mit gelber Raute markiert, anspruchsvollere Bergwanderwege mit weiss-rot-weissen Streifen, alpine Routen weiss-blau-weiss. In regelmässigen Abständen folgen gelbe Hinweisschilder, oft mit Zeitangaben. Auf italienischer Seite gibt es gelbe Markierung, Steinmännchen und weniger Hinweisschilder.

Der Zustand der Bergpfade ist im Allgemeinen sehr gut. Auf den ersten zwei Etappen am Europaweg sind wegen Murgängen und Steinschlag mehrere sogenannte Gefahrenstrecken zu überwinden.

Eine gute Karte gehört immer ins Wandergepäck. Viel Wassertrinken hält gesund und lässt die Höhe besser verkraften.

Zwei Passagen (Etappe 7 und 9) führen über Gletscher, die mit weiss-blau-weissen Stangen markiert sind. Durch die Fliessbewegung des Gletschers und durch Unwetter können die Stangen mitunter aber auch verschwinden und Lücken in der Markierung hinterlassen. Der Übergang am Col di Valcornera bedarf bei schlechter Sicht einer sicheren Orientierung, auch wenn er mit Steinmännchen gut markiert ist.

Notruf und Bergrettung

Schweiz: Schweizerische Rettungsflugwacht Rega, Telefon 1414, www.rega.ch. Polizeinotruf, Telefon 117, Sanitätsnotruf Telefon 144.

Rettung mit Handy in allen europäischen Ländern: Telefon 112.

Italien: Notruf (soccorso pubblico di emergenza), Telefon 113.

Eine Bergrettung ist teuer (Hubschraubereinsatz usw.) und geht zu Lasten des Verursachers. Wer auf Nummer sicher gehen will, kann eine Bergrettungsversicherung abschliessen. Mitglieder eines Alpenvereins sind automatisch versichert.

Orientierung

Die Angaben links/rechts erfolgen im Sinne der Fortbewegungsrichtung. Die Bezeichnung «am linken/rechten Ufer» bedeutet immer in Fliessrichtung des Gewässers.

Reisezeit

Zahlreiche Pässe sind oft noch bis weit in den Juni mit Firnfeldern bedeckt. Daher ist die beste Zeit von Mitte Juli bis Mitte September, je nach Verhältnissen auch bis Mitte Oktober möglich.

SAC-Hütten

Die SAC-Hütten werden nur saisonal bewirtschaftet. Ausserhalb dieser Zeit steht ein stets geöffneter Winterraum für Selbstversorger zur Verfügung, der mit Ofen und Holz, in der Regel auch mit Geschirr, mit Matratzenlager und Wolldecken ausgestattet ist. In jüngster Zeit trifft man mitunter auch auf abgesperrte Winterräume, da diese oft in so desolatem Zustand hinterlassen wurden, dass sich die Hüttenwarte dazu gezwungen sahen. Für jeden Benutzer sollte es selbstverständlich sein, die von ihm genutzten Räumlichkeiten sauber und ordentlich zu hinterlassen.

Mitglieder von Alpenvereinen erhalten in allen SAC-Hütten eine Preisermässigung. Informationen:
Schweizer Alpen-Club,
Monbijoustrasse 61, 3000 Bern 23,
Telefon +41 (0)31 370 18 18, Fax (0)31 370 18 00,
info@sac-cas.ch, www.sac-cas.ch

Allgemeine Informationen zu Hütten im Wallis: www.vs-wallis.ch

Unterkunft

Die Etappen enden fast immer in den Tälern, wo man je nach Wunsch eine Unterkunft von der einfachen Berghütte bis zum gediegenen Hotel findet. Zur Hauptsaison Juli/August empfiehlt sich eine Reservierung. Informationen zu den Hotels geben die Fremdenverkehrsämter (Adressen jeweils bei den einzelnen Etappen).

Veranstalter

Valrando, die Vereinigung Walliser Wanderwege, führt im Sommer organisierte Touren auf dem Matterhorntrek durch. Informationen:
Valrando, Rue Pré-Fleuri 6, 1951 Sion,
Telefon +41 (0)27 327 35 80, Fax (0)27 327 35 81,
info@ valrando.ch, www.valrando.ch.

Wetter

Gewaltige Gebirgsmassen schützen das Wallis gegen die vom Meer kommenden Winde. Es ist nicht nur eine der niederschlagsärmsten Gegenden der Schweiz, sondern auch besonders sonnenverwöhnt mit im Sommer geradezu mediterranen Temperaturen, so dass im Talgrund des Rhonetals

sogar Mandelbäume, Feigen und Aprikosen gedeihen. Doch natürlich gibt es auch im Wallis schlechtes Wetter und heftige Gewitter, die bei schlechter Einschätzung und Planung eine Bedrohung darstellen können. Von der richtigen Wettereinschätzung können Leben und Gesundheit abhängen. Bei gefährlichen Abschnitten, wie beispielsweise den Passübergängen des Col Collon, Col di Valcornera und des Theodulpasses, gilt es bei schlechtem Wetter immer im Tal oder in der Berghütte zu warten.

Das Wetter in Gebirgsregionen ist von vielen Faktoren abhängig. Höhenunterschiede, Sonneneinstrahlung, Hangausrichtung schaffen räumlich stark begrenzte Klimazonen.

Mit zunehmender Höhe nimmt der Luftdruck ab, die Luft wird dünner, die Temperaturen sinken (im Schnitt 0,5 °Celsius je 100 m). Bei Windstille kann es aber auch zur Umkehrung dieses Phänomens kommen. Die schwere kalte Luft gleitet dann an den Hängen ins Tal hinunter, die warme steigt nach oben. Je nach Hanglage tritt eine Verstärkung ein: Ein nach Süden ausgerichteter Hang ist einer wesentlich intensiveren Sonneneinstrahlung ausgesetzt als ein Nordhang, wo der Schnee länger liegen bleibt. Auch das Relief, die Ausrichtung der

Bergkämme, hat einen Einfluss auf Niederschlagsmenge und Windrichtung. In den Randzonen der Massive und an deren Windseite fällt mehr Regen und Schnee. Alpentäler wirken wie Windkanäle, besonders im Sommer, wenn häufig Berg- und Talwinde wehen.

Im Sommer treten in den Hochgebirgszonen häufig Gewitter auf. Sie resultieren meist aus der Überhitzung der Talböden im Zusammenwirken mit der kühleren und feuchteren Höhenluft. Ein sicheres Zeichen für eine akute Gewittergefahr ist das ambossartige Ausfransen des oberen Teils einer hochreichenden Quellwolkenmasse. Gerät man dennoch in ein Gewitter, sollte man sich so schnell wie möglich von exponierten Punkten, wie Grate, Gipfel und Pässe, aber auch von freien Flächen und einzeln stehenden Bäumen, von wasserführenden Gräben und Rinnen entfernen. Felsnischen und Höhlen bieten keinen Schutz, da sich Blitze auch über die Wände entladen. Am besten ist jedoch, es gar nicht so weit kommen zu lassen. Gewitter werden vom Wetterdienst meist recht präzise vorhergesagt. Bei sommerlichen Temperaturen bilden sie sich zumeist erst nach dem Mittag, ein Start in den frühen Morgenstunden ist dann angebracht.

Der Riffelsee bietet eine der schönsten Ansichten des Matterhorns.

Auf den Wegweisern stehen fast immer auch die Marschzeiten.

Bei Nebel und schlechter Sicht sollte man besonders darauf achten, nicht vom Weg abzukommen. Im Zweifelsfall lieber ein Stück zurückgehen, bis man wieder auf die richtige Markierung stösst.

Wertvolle Dienste liefern GPS oder Höhenmesser mit integriertem Kompass, wie sie zum Beispiel von Suunto (www.suunto.com) hergestellt werden. Der Höhenmesser funktioniert gleichzeitig auch als Barometer und kündigt Wetterveränderungen an. Sinkt der Luftdruck (der Höhenmesser zeigt dann mehr Höhe an), ist mit einer Wetterverschlechterung zu rechnen; steigt der Luftdruck (die Höhenanzeige fällt), folgt eine Wetterbesserung. Weil die korrekte Höhenanzeige vom Luftdruck abhängig ist, muss der Höhenmesser möglichst oft an vermessenen Höhenpunkten (wie Ausgangspunkt, Hütte, Gipfel, Pass) nachjustiert werden.

Oberstes Gesetz ist, sich vor jeder Etappe über das Wetter zu informieren, um diese so zu planen, dass man vor angesagten Gewittern oder Schlechtwettereinbrüchen noch rechtzeitig das Tal oder eine schützende Unterkunft erreicht.

Der Schweizer Wetterbericht wird täglich fünfmal aktualisiert und kann unter Telefon 162 abgehört werden, aus dem Ausland Telefon +41 1 162. Ausführlicher Spezialwetterbericht: Telefon 157 126 211 (neues Bulletin täglich nach 17.30 Uhr) oder Telefon 0900 55 21 11. Persönliche Beratung: Telefon 0900 16 23 33. Radio DRS 1 strahlt täglich um etwa 7.30 Uhr und um etwa 12.20 Uhr einen ausführlichen Wetterbericht aus. Das Schweizer Fernsehen bringt jeweils um 19.50 Uhr eine umfangreiche Fünf-Tages-Prognose. Im Internet: www.meteoschweiz.ch.

Schwierigkeitsbewertung für das Wandern

Schwierigkeitsgrad: T1 Wandern

Weg/Gelände: Weg gut gebahnt. Falls nach SAW-Normen markiert: gelb. Gelände flach oder leicht geneigt, keine Absturzgefahr.
Anforderungen: Keine besonderen Anforderungen. Leichte Trekkingschuhe empfehlenswert. Orientierung problemlos, Karte mitnehmen dennoch empfehlenswert.

Schwierigkeitsgrad: T2 Bergwandern

Weg/Gelände: Weg mit durchgehendem Trassee und ausgeglichenen Steigungen. Falls markiert: weiss-rot-weiss. Gelände teilweise steil, Absturzgefahr nicht ausgeschlossen.
Anforderungen: Etwas Trittsicherheit. Trekkingschuhe. Elementares Orientierungsvermögen erforderlich.

Schwierigkeitsgrad: T3 anspruchsvolles Bergwandern

Weg/Gelände: Am Boden ist meist eine Spur vorhanden, ausgesetzte Stellen können mit Seilen oder Ketten gesichert sein, evtl. braucht man die Hände fürs Gleichgewicht. Falls markiert: weiss-rot-weiss. Zum Teil exponierte Stellen mit Absturzgefahr, Geröllflächen, weglose Schrofen.
Anforderungen: Gute Trittsicherheit. Stabile Trekkingschuhe. Gutes Orientierungsvermögen erforderlich. Elementare alpine Erfahrung.

Mitunter lassen sich Murmeltiere sogar streicheln. Modernste Höhenmesser verfügen über einen integrierten Kompass und lassen als Barometer auch Wetterveränderungen erkennen.

Schwierigkeitsgrad: T4 Alpinwandern

Weg/Gelände: Weg nicht überall sichtbar, Route teilweise weglos, an gewissen Stellen braucht es die Hände zum Vorwärtskommen. Falls markiert: weiss-blau-weiss. Gelände ziemlich exponiert, heikle Grashalden, Schrofen, einfache, apere Gletscher.
Anforderungen: Vertrautheit mit exponiertem Gelände. Sehr gute Trekkingschuhe oder Bergschuhe. Gute Geländebeurteilung und Orientierungsvermögen sowie alpine Erfahrung erforderlich.

Schwierigkeitsgrad: T5 anspruchsvolles Alpinwandern

Weg/Gelände: Oft weglos, einzelne einfache Kletterstellen bis II. Falls markiert: weiss-blau-weiss. Exponiertes, anspruchsvolles Gelände, wenig gefährliche Gletscher und Firnfelder.
Anforderungen: Grössere Erfahrung im alpinen, exponierten Gelände. Bergschuhe. Sichere Geländebeurteilung und sehr gutes Orientierungsvermögen erforderlich. Elementare Kenntnisse im Umgang mit Pickel und Seil.

Schwierigkeitsgrad: T6 schwieriges Alpinwandern

Weg/Gelände: Meist weglos, meist nicht markiert, Kletterstellen bis II. Häufig sehr exponiertes, heikles Gelände mit Ausrutsch- und Absturzgefahr, steile Schrofen, Gletscher.
Anforderungen: Ausgereifte Alpinerfahrung, steigeisenfeste Bergschuhe. Ausgezeichnetes Orientierungsvermögen und Vertrautheit im Umgang mit alpintechnischen Hilfsmitteln erforderlich.

Zu den Karten

In den Kartenausschnitten gilt folgende Kennzeichnung:

— Hauptroute

— Variante, Hütten-, Gipfelabstecher

⬆ Übernachtungsmöglichkeit (Hütte, Berghaus, Berghotel)

Das Mattertal

Das Mattertal ist das tiefste Tal der Schweiz

In der St.-Jodern-Kellerei in Unterstalden können edle Rebsorten degustiert werden.

Am schönsten ist die Anreise durch das Mattertal mit dem Zug. Wenn man Glück hat, kann man einen Platz im Panoramawagen ergattern (womöglich noch im legendären Glacier-Express, der dreimal täglich zwischen St. Moritz und Zermatt verkehrt), sitzt gemütlich an überdimensionalen Fensterfronten und staunt hinaus, klettert mit den Augen die steilen Flanken links und rechts hinauf und ahnt, dass es sich hier um das tiefste Tal der Schweiz handeln muss. Von der Talsohle bei Ackersand bis zum Dom, dem höchsten Berg auf Schweizer Grund, lassen sich beachtliche 3835 Meter Höhendifferenz messen. Vielleicht sieht man sich schon voller Vorfreude hoch oben in den Steilhängen, mehr als tausend Meter höher, auf dem sensationellen Europaweg, dem Glanzstück des Matterhorntreks, der die ersten zwei Etappen bestimmt.

Die hübschen roten Waggons der Matterhorn-Gotthard-Bahn folgen dem Lauf der Vispa, von der sich anfangs steile Weinterrassen in die Höhe ziehen, so hoch, dass sie als die höchsten Rebberge Europas gelten. Dann saust die Bahn schon unter der römischen Bogenbrücke von Neubrück hindurch, schraubt sich in Serpentinen nach Stalden hinauf, wo das Tal sich gabelt, links der Saaser Vispa, rechts der Matter Vispa folgend, schlängelt sich weiter durch Tunnel, Galerien und schroffes Gelände. Vorbei an archaischen Dörfern und dem gewaltigen Felssturz von Randa schnauft sie immer höher hinauf, bis es nach 44 Kilometern von Brig aus Endstation heisst: Zermatt.

Die Rebhänge um Visperterminen gelten als die höchsten Weinreben Europas.

Die höchsten Weinreben Europas

Auch wer vielleicht keine Zeit hat, die Rebhänge und die Kellereien von Visperterminen zu besuchen, erhält doch in den Raststationen längs des Matterhorntreks genügend Gelegenheit, die feinen Rebsäfte zu degustieren. Gleich nach Visp windet sich ein Strässchen durch steile, sonnenexponierte Weingärten empor, in denen noch bis auf 1150 Meter über dem Meeresspiegel Reben gedeihen.

Dank dem fast schon mediterranen Klima hat sich das Wallis zu einer geschätzten und über die Landesgrenzen hinaus bekannten Weinregion entwickelt. Neben dem Steppenklima begünstigen die unterschiedlichen Bodenarten eine enorme Vielfalt an Rebsorten. Aussergewöhnliche Bedingungen herrschen auch am Visperterminer Rebberg: Die extreme Steilheit intensiviert die Sonneneinstrahlung noch, und die warmen Fallwinde des Föhns machen es möglich, dass Reben in solchen Höhen, fast schon in Gletschernähe, wachsen. Aufgrund der Steilheit ist die Bewirtschaftung und Lese noch harte Handarbeit; die Trauben werden mit der «Tschiffra», dem traditionellen Rückentragekorb, gesammelt.

Ein paar ganz besondere Tropfen werden in der Sankt-Jodern-Kellerei unterhalb von Visperterminen gekeltert. In der Genossenschaftskellerei, der

Oberstalden, Weiler am Visperterminer Rebberg.

400 Nebenerwerbs-Weinbauern angehören, sammeln sich in normalen Weinjahren über 400 000 Kilogramm Trauben, aus denen 12 Weinsorten produziert werden, darunter auch Raritäten, die nur hier heimisch sind, sogenannte autochthone Sorten. Resi beispielsweise, ein alteinheimisches Gewächs, das mittlerweile äusserst selten geworden ist und dessen Saft die Walliser Ahnen gerne als Durstlöscher zu sich nahmen. Das Rebengetränk war damals das Elexier, um die harte Feldarbeit besser durchstehen zu können. Es war für die Weinbauern sogar so lebensnotwendig, dass, so erzählt man sich, bei Weinmangel Männer starben, wie es zum Beispiel während einer Missernte im Jahre 1817 geschehen sein soll.

An erster Stelle der lokalen Spitzenweine steht der Heida, die Perle der Alpenweine und der Stolz der Winzer. Diese strohgelbe Gaumenfreude, aus der Traminertraube gewonnen, wird gerne als Aperitif oder zu Käsegerichten genossen. Diese Reben sollen bereits in vorchristlicher Zeit von einem heidnischen Volksstamm angebaut worden sein. Ein geschätzter Rosé der Jodernkellerei ist der Œil de Perdrix, dessen schillernde Farbe an ein Rebhuhnauge erinnern soll, daher der Name. Der fruchtige Tropfen wird ausschliesslich aus Pinot Noir gekeltert. Für kurze Zeit wird er dabei auf der Maische belassen, wovon er seine hellrote Farbe erhält. Die reichste Aromafülle bietet der Muscat. Der jung zu trinkende Dessertwein mundet besonders gut zu Baumnüssen und dunklem Roggenbrot.

Im Wallis nehmen den grössten Anteil der Rebfläche die vier Rebsorten Chasselas, Sylvaner, Pinot Noir und Gamay ein. Der Chasselas, auch Gutedel genannt, wurde im 18. Jahrhundert ins Wallis eingeführt; aus ihm wird der trockene Fendant gekeltert, ein «Allrounder», der zu allen Speisen passt. Der spritzige Sylvaner oder Johannisberg, der ursprünglich aus dem deutschen Rheintal stammt, ist die zweitwichtigste weisse Rebsorte des Wallis. Unter den Rotweinen belegt der Dôle, eine Assemblage von Pinot Noir und Gamay, den ersten Rang.

Für den Weinwanderer wurde ein attraktiver 1,2 Kilometer langer Lehrpfad mit 15 Schautafeln eingerichtet, der aussichtsreich durch den malerischen Visperterminer Rebberg zieht. Dieser wird vor allem am ersten Samstag im September frequentiert, wenn unzählige Feinschmecker das «Wii-Grill-Fescht» zelebrieren, wobei an sechs Stationen jeweils ein Gang eines Walliser Menüs mit edlem Tropfen zum Verkosten aufwartet. «Wii-Grill» wird hier übrigens die Gottesanbeterin genannt, die gerne die warmen Sonnenstunden zwischen Trockenmauern und Reben geniesst.

Information

Tourist-Information Rund um Visp,
Telefon +41 (0)27 948 33 33, Fax (0)27 948 33 35,
rund-um-visp@rhone.ch, www.rund-um-visp.ch

Weinprobe

St.-Jodern-Kellerei, Unterstalden, 3932 Visperterminen,
Telefon + 41 (0)27 946 41 46, Fax (0)27 946 80 76,
info@jodernkellerei.ch, www.jodernkellerei.ch
Öffnungszeiten/Weinprobe: Montag bis Freitag 8–12, 13.30–17.30 Uhr, Samstag 9–12, 13.30–16 Uhr

Start und Ziel: Zermatt

Den Matterhorntrek in Zermatt zu starten ist nur ein Vorschlag. Genauso gut könnte man auch von einem anderen Etappenort losziehen, wie beispielsweise St. Niklaus oder Zinal im Val d'Anniviers, was dank dem hervorragenden öffentlichen Verkehrsnetz auch ganz leicht möglich ist. Doch ein Start in Zermatt ist sicherlich der schönste Auftakt, um sich so richtig am Matterhorn sattzusehen, denn sobald man das Mattertal verlässt, wird es sich rar machen und sich erst wieder in Breuil-Cervinia in seiner ganzen gewaltigen Schönheit vor dem Wanderer aufbäumen. So sind denn auch die ersten zwei Etappen, hat man die Höhenquote erst einmal erreicht (was sich mit der Seilbahn auch erleichtern lässt), nicht nur ein guter Einstieg, um sich einzulaufen und auf seine Geländetauglichkeit zu testen, sondern auch das absolute Highlight in Sachen Matterhornblick.

Auch wenn man Zermatt schon in- und auswendig kennt, weiss, wie es früher einmal war und heute ist, und die Entwicklung nicht immer gutheissen konnte, ist seine Anziehungskraft ungebrochen. Denn das Matterhorn bleibt immer das Gleiche, und allein für seinen Anblick, wie es erhaben über dem Ort und dem Talkessel thront, nimmt man den Rummel in Kauf.

Wie hat eigentlich alles angefangen?

Urkundlich erwähnt wird Zermatt erstmals 1280 als Pratobornum (auch als Pra Borno, Pratoborno). Aus dem Lateinischen lässt sich das mit «Wiese bei der Quelle» übersetzen. Einwanderer nannten den Ort zu Deutsch «Zer Mattu», zur Matte, und aus dem ursprünglich als Mons Silivius, Mons Cervus oder Augstthalberg (Berg des Aostatales) bezeichneten Gebirge wurde schlicht das Horn bei der Matte, das Matterhorn.

Einmalige Höhenwege lassen sich um Zermatt erkunden. Im Hintergrund Höhbalmen mit Weisshorn, Zinalrothorn und Obergabelhorn – das Dreigestirn der Walliser Alpen.

Früher nichts als ein paar Holzstadel und ärmliche Bauernhäuser, ist Zermatt heute beinahe eine Stadt. Angefangen hat alles mit einer Handvoll Wissenschaftler und betuchter Engländer, die den Alpinismus entdeckten und dermassen vom Matterhorn begeistert waren, dass sich die Kunde schnell herumsprach und die Welt auf den Berg aufmerksam machte. Nachdem sie jahrtausendelang gefürchtet und von den Römern noch als «montes horribiles» (schreckliche Berge) bezeichnet worden waren, begannen die Menschen der Aufklärung die Berge zum ersten Mal nicht mehr nur aus reiner Notwendigkeit zu durchwandern. Man erkannte die Schönheit der Gebirgslandschaft und die heilsame Wirkung der Natur auf Geist und Seele. Schriftsteller wie Jean-Jacques Rousseau (1712–1778) und Dichter wie Albrecht von Haller (1708–1777) prägten mit ihren Werken diese neue Sicht. Die Berge gewannen eine immer stärker werdende Anziehungskraft. Sie wollten erobert werden – so nahm das Bergsteigen seinen Anfang, zunächst noch geschürt von wissenschaftlichem Forschungsdrang.

Der Genfer Naturforscher Horace Bénédict de Saussure, der 1788 durch seine Montblanc-Besteigung Bekanntheit gewonnen hatte, nahm 1792 das Klein Matterhorn in Angriff, um erstmals den grösseren Bruder trigonometrisch zu vermessen, und verkündete: «Der schönste Gegenstand, dessen Anblick dieser Ort darbietet, ist die hohe und stolze Spitze des Mont Cervin, die sich in Form eines dreieckigen Obelisken aus lebendigem Fels, der wie gemeisselt erscheint, zu gewaltiger Höhe erhebt.» Auch der englische Schriftsteller und Maler John Ruskin verliebte sich in den Berg. «Die Wirkung dieses sonderbaren Matterhorns auf die Fantasie ist so ungeheuerlich», schrieb er, «dass selbst die ernsthaftesten Philosophen sich ihr nicht zu entziehen vermögen.»

Richtig berühmt wurde das Matterhorn aber durch das Drama während seiner Erstbesteigung

In die Fassade des Hotels Monte Rosa ist eine Whymper-Gedenktafel eingelassen.
Die Gräber der Matterhorn-Erstbesteiger sind auf dem kleinen Friedhof bei der Dorfkirche zu besichtigen.

durch Edward Whymper, was seinen Mythos schürte. Der Engländer war ursprünglich 1860 in die Alpen geschickt worden, um Illustrationen für ein Buch zu erstellen. Die Bergsteigerei liess ihn dabei nicht mehr los. Besonders dem Matterhorn war er verfallen. Es musste zu besteigen sein! Sieben vergebliche Versuche unternahm er von Breuil aus, meist begleitet von Jean-Antoine Carrel, Bergführer aus Valtournenche, dem damals Einzigen, der das Matterhorn nicht für unbesiegbar hielt. Doch dann, Anfang Juli 1865, schien Carrel mit einer eigenen Mannschaft den Gipfel für Italien erobern zu wollen und war bereits schon unterwegs, als Whymper dies zu Ohren kam. Whymper wollte um jeden Preis seinem Rivalen zuvorkommen und startete am 13. Juli von Zermatt aus überstürzt mit einer bunt zusammengewürfelten Mannschaft: die Bergführer Michel August Croz und Peter Taugwalder mit seinem Sohn, Charles Hudson und sein junger Freund Hadow sowie Lord Francis Douglas. Leichter, als sie geglaubt hatten, erreichten sie ohne Zwischenfälle am Mittag des 14. Juli den Gipfel. «Um Viertel auf zwei Uhr lag die Welt zu unseren Füssen und das Matterhorn war besiegt. Hurra, nicht ein Fussstapfen unserer italienischen Nebenbuhler war zu sehen. Halb im Zweifel, halb in Erwartung bog ich mich über die Klippe. Sofort sah ich sie, aber als blosse Punkte auf dem Grat und ungeheuer weit unten. Wir schrien, bis wir heiser waren. ‹Croz, sie müssen und sollen uns hören.› Wir trieben unsere Stöcke in Risse, und bald polterte ein Strom von Steinen die Klippe hinunter. Die Italiener machten kehrt und flohen.» Die ehrgeizigen Besteiger waren zufrieden, genossen ihr Glück und die umwerfende Aussicht und machten sich dann an den Abstieg. Bis zu einer Steilstufe ging alles gut. Dort geschah dann das Unglück. Der ungeübte Hadow glitt aus und riss dabei Croz, Hudson und Lord Douglas die Füsse unter dem Leib weg. Ohne Halt zu finden, verschwanden alle vier in die Tiefe, stürzten von Felswand zu Felswand auf den Matterhorngletscher. Da das dünne Hanfseil riss, konnten Whymper, der Zermatter Führer Taugwalder und dessen Sohn überleben. Später kam es zum Gerichtsprozess um das ominöse Seil, das mal von Whymper, mal von Taugwalder durchschnitten worden sein sollte, wie es hiess – ein gefundenes Fressen für die sensationslüsterne Weltpresse. Zermatt wurde zur Pilgerstätte für Bergsteiger und Touristen aller Nationalitäten. Heute liegen das zerrissene Originalseil sowie Ausrüstungsutensilien der Verunglückten (Schuhe von Hadow und Douglas, der Rosenkranz und Hut von Croz, das

Die englische St. Peter's Church befindet sich etwas oberhalb des Alpin-Museums.

Gebetsbuch von Hudson) wohlbehütet in einer Vitrine des Alpinen Museums in Zermatt. Als ob die Ahnen Rache dafür nehmen wollten, dass Taugwalder das Tabu gebrochen hatte, einen für das damals tief religiöse und abergläubische Volk unantastbaren Berg zu besteigen, sollen er und später auch sein Sohn viele Jahre nach der Erstbesteigung im Schwarzsee, am Fuss des Schicksalberges, ertrunken sein.

Die ersten Fremden wohnten Ende des 18. Jahrhunderts noch beim Dorfpfarrer, der damals schon ein Gästebuch führte, in dem er jährlich um die zehn Gäste eintragen konnte. Argwöhnisch wurden sie von den Einheimischen betrachtet. Unvorstellbar für die mit kärglicher Landwirtschaft ums Überleben kämpfenden Menschen, ohne ersichtlichen Grund im Gebirge herumzuspazieren, wie das diese merkwürdigen Ausländer taten. Das «Journal de Zermatt» beschrieb die vornehmen Wanderer, die mit gestärktem Kragen und Lackschuhen unterwegs waren und in ihren Rucksäcken allerlei unnützen Kram wie Teekocher, Eierbecher, Kleiderbürsten und Ähnliches mitschleppten. Vor allem das Matterhorn schien es ihnen angetan zu haben. In stummer Andacht standen sie immer wieder da und ergötzten sich an diesem stolzen Felszahn.

Auch Alexander Seiler, einem jungen Seifen- und Kerzenfabrikant aus Sitten, war dies zu Ohren gekommen. Von seinem Bruder Joseph, der in Zermatt als Kaplan diente, vernahm er die wunderlichsten Geschichten, so dass er sich selbst eines Tages auf den langen Saumpfad aufmachte, um den magischen Berg leibhaftig zu sehen. Und es ging Seiler nicht anders als den Fremden. Er war von dem Gipfel so ergriffen, dass er das Leben im Tal aufgab, um es 1853 an seinem Fuss in Zermatt fortzusetzen. Für einen Ort mit solch einem Berg witterte er eine verheissungsvolle touristische Zukunft, und so kaufte er 1854 die Herberge Mont Cervie, die der Wundarzt Lauber seit 1838 als erstes Gästehaus Zermatts mit drei Betten geführt hatte. Seiler vergrösserte, zunächst auf 16 Betten, dann auf 35 Betten; die Herberge hiess nun Monte Rosa. Im Jahr 1884 nahm er das unglaubliche Projekt in Angriff, auf einer Höhe von 2600 Metern sein nächstes Hotel zu bauen, das Hotel Riffelalp, damals das modernste Berghotel im Alpenraum. Unzählige Karawanen von Saumtieren mussten das schwere Baumaterial aus dem Rhonetal zur höchsten Baustelle Europas schleppen.

Zermatts Gassen sind autofrei.

1890 konnte Seiler mit mehreren Hotels bereits um die 1000 Betten anpreisen. Damit begründete er eine der grössten Hoteldynastien der Schweiz. Auf die Frage «Welches ist das beste Hotel in Zermatt?» war die Antwort stets: «Geh ins Monte Rosa!» oder «Geh zu Seiler!», ist in Edward Whympers Zermattführer nachzulesen. Whymper war Stammgast im «Monte Rosa», woran eine Bronzetafel an der Hotelfassade erinnert, zu der auch heute viele pilgern und ihre Kameras zücken. Auch der im Jahr 1857 gegründete britische «Alpine Club» hatte im «Monte Rosa» sein Standquartier.

Trotz den zahlreichen Hotelburgen, die mittlerweile entstanden waren, gab es noch immer keinen Fahrweg in das alpine Dorf, man musste das Gepäck auf Mulis laden und sich in beschwerlichem acht- bis zehnstündigem Fussmarsch hinaufquälen. Erst 1891 wurde die Bahn von Visp nach Zermatt in Betrieb genommen, 1898 die Gornergratbahn. Beide verkehrten zunächst nur im Sommer. Im Herbst fiel Zermatt wie gewohnt in einen langen Winterschlaf.

Die Bahn brachte mehr und mehr Touristen und änderte damit auch das traditionelle Leben des Dorfes. Landwirtschaft wurde bald nur noch als Nebenerwerb betrieben, das Gastgewerbe brachte weitaus mehr ein. Im Sommer 1900 konnten die ersten Telefonanschlüsse installiert werden. Auch sonst versuchte man es den Touristen angenehm zu machen, indem man beispielsweise das Kopfsteinpflaster der Bahnhofstrasse durch Asphalt ersetzte, da die Pflastersteine eine permanente Leidensquelle für deren wunde Füsse gewesen sein sollen. Auch für das geistliche Wohl wurde gesorgt. Für die zahlreichen englischen Gäste errichtete man bereits 1869 eine eigene Kirche, die anglikanische St-Peter's-Church, neun Jahre später eine englische Kapelle auf Riffelalp. Neben der Hotellerie kamen Maultierführer, Bergführer und Sesselträger als neue Berufe hinzu. Für acht Franken konnte man sich damals von zwei Sesselträgern zum Schwarzsee und wieder zurück ins Dorf tragen lassen.

Nach der Entdeckung des Skisports nahm die Bahn, nachdem man ihre Gleise durch Lawinenschutzbauten geschützt hatte, 1928 auch den Winterbetrieb auf. Heute übernachten jährlich über eine Million Besucher in dem turbulenten Ort, und der Talkessel von Zermatt stösst an die Grenzen seiner Bebauung. Mit 115 Hotels und 1500 Ferienwohnungen (beide mit jeweils 6500 Betten) hat Zermatt mehr Unterkünfte als jede Grossstadt der Schweiz.

Das schmackhafte Walliser Roggenbrot gibt es auch mit Nüssen.

Zermatt heute, das ist ein Gemisch aus Hotels, exklusiven Geschäften und alten Dorfhäusern. Pferdeschlitten und Elektromobile surren durch die autofreien Strassen. Berühmtheiten aus aller Welt mischen sich unters Volk, viele darunter möglichst alpin gekleidet, auch wenn sie nur den Weg von der Gondelstation ins Restaurant schaffen. Oberhalb des Kirchplatzes mit dem kunstvollen Murmeltierbrunnen haben sich noch die Holzhäuser, Stadel (die typischen Walliser Kornspeicher) und Vorratskammern (Mazots) von Alt-Zermatt erhalten können. Zum Schutz gegen Mäuse wurden ihre Pfosten mit grossen runden Steinplatten, soge-

nannten Mäuseplatten, unterlegt. Denn das darin gelagerte Getreide, meist Roggen, war in früheren Tagen sehr wertvoll. Bäckereien gab es damals noch nicht, jeder Haushalt musste sein Brot selber backen. Zu diesem Zweck stand ein Gemeinschaftsbackofen zur Verfügung, der turnusgemäss von den einzelnen Familien jeweils nur an einem bestimmten Tag im Monat genutzt werden durfte. Brotbacken war damals Männersache. Die fertigen Laibe wurden im Speicher auf sogenannten Brotleitern aufbewahrt. Das schmackhafte Roggenbrot mit seinem hohen Nährwert und der langen Haltbarkeit ist glücklicherweise nicht vom Speisezettel verschwunden und wird auch heute noch nach altem Rezept hergestellt. Es eignet sich hervorragend für jedes Wanderpicknick.

Der legendenumrankte Schwarzsee ist auch Ausgangspunkt des Hüttenwegs zur Hörnlihütte.

Ulrich Inderbinen – Zermatts berühmtester Einwohner

Kaum ein anderer hat dem Bergführerberuf weltweit ein so positives Image verpasst wie Ulrich Inderbinen.

Über ein ganzes Jahrhundert hat er miterlebt, wie Zermatt sich aus einem ärmlichen Bergbauern-

Alte Walserpfade führen über Herbrigg nach Zermatt, und durch die Gornerschlucht bewegt sich der erste Touristensteig, heute durch eine aufregende Via ferrata ergänzt.

dorf zur weltbekannten Alpenmetropole gewandelt hat. Am 3. Dezember 1900 geboren, verstarb Zermatts ältester Einwohner am 14.6.2004. Ulrich Inderbinens Berühmtheit resultiert nicht etwa daraus, dass er besonders spektakuläre Touren vollbracht hat. Seine persönliche Ausstrahlung, seine Würde und Bescheidenheit, vor allem aber seine aussergewöhnliche Leistungsfähigkeit bis in ein ungewöhnlich hohes Alter sorgten weltweit für Aufsehen. In den sechziger Jahren, in einem Alter, in dem andere in den Ruhestand treten, florierte seine Bergführertätigkeit erst so richtig. Noch mit 82 Jahren begann er Skirennen zu fahren, mit 84 bestieg er den Montblanc, mit 87 die Dufourspitze, mit 90 Jahren das Matterhorn und mit 97 das Breithorn. Erst dann verkündete er mit seinem typischen trockenen Humor, dass er doch langsam älter werde, und beschränkte sich fortan auf kürzere «Spaziergänge».

Heidi Lanz und Liliane De Meester schreiben in ihrer Biografie über Ulrich Inderbinen: «Amüsiert hat Ulrich immer wieder die Reaktion der Gäste, die ihm vom Bergführerbüro vermittelt wurden, ohne vorher über sein Alter informiert worden zu sein. Ein Gast beschwerte sich und äusserte die Befürchtung, dass er seinen 87-jährigen Bergführer am Ende womöglich noch auf die Dufourspitze hochtragen müsse. Nach der Tour revidierte der Mann seine Meinung und bat in Zukunft ausdrücklich um einen anderen Führer, der ab und zu auch einmal eine Pause einlegt.»

Bekannt war Ulrich Inderbinen für seine «träfen Sprüche». Als er im Alter von 91 Jahren einmal zwei Paar Ski zur Klein-Matterhorn-Bahn transportierte, wurde er von einem Touristen entgeistert gefragt, warum er denn zwei Paar Ski trage. «Das zweite Paar gehört meinem Vater, der kommt grad hinter mir», antwortete Ulrich, ohne eine Miene zu verziehen.

«Ja, sind Sie denn wirklich ganz allein mit dem Zug nach Zürich gekommen?» wollte der Redaktor des Schweizer Fernsehens zu Anfang des Interviews vor laufender Kamera wissen. «Nein, da waren schon noch andere Leute im Zug.»

Ein anderer Journalist stellte die Frage, ob Ulrich Angst vor dem Sterben habe. «Eigentlich nicht. Wenn ich mir so die Todesanzeigen in der Zeitung anschaue, dann sehe ich ja fast nie einen meines Jahrgangs.»

Trotz seiner Popularität ist sein Lebensstil stets bescheiden geblieben. Ulrich Inderbinen hat in seinem langen Leben weder ein Auto, ein Fahrrad, noch ein Telefon besessen. Immer wieder wollte man das Rezept seiner Vitalität wissen. «Alt werden ist Gottes Kunst und Gottes Gnade. Aber man kann natürlich auch viel selber dazu beitragen. Man muss immer arbeiten, aber nicht zu streng. Und man darf nicht im Übermass rauchen und saufen. Früher war das Leben hart, aber schön. Alle besassen wenig, und jeder hat jedem geholfen. Die Menschen waren zufriedener als heute, wo man alles hat und nur an sich selbst denkt.»

Im Hinterdorf, dem ältesten Dorfteil Zermatts, steht ein Gedenkbrunnen für Ulrich Inderbinen, der zu seinem 100. Geburtstag feierlich eingeweiht worden war. Den von Theo Imboden entworfenen Brunnen schmückt ein bronzenes Portrait des Bergführers, den ausländische Medien gerne als den «König der Alpen» bezeichneten.

Zermatt ist ein paar Tage mehr wert

Mit 450 Kilometer angelegten Wanderwegen, alle im Banne des Matterhorns und seines atemberaubenden Gipfelkranzes, bietet die Alpenmetropole ein Wanderparadies, das seinesgleichen sucht, so dass man sich allein für die Umgebung Zermatts ein paar Tage Zeit neben sollte. Ein Gang zu bilderbuchreifen Walsersiedlungen wie Blatten, Zum See und Zmutt, zu spektakulären Aussichtspunkten wie Gornergrat und Klein Matterhorn, zu romantischen Seelein, in denen sich das «Horu» spiegelt, sind unvergessliche Erlebnisse. Begünstigt werden die Touren durch ein südalpines, niederschlagarmes Klima. Zermatt liegt, wie auch die Palmenhaine des Luganer- und Comersees, geografisch auf dem 46. Breitengrad.

Fast der gesamte Zermatter Kessel ist mit Bergbahnen erschlossen, was seine Vor- und Nachteile hat. So sind zahlreiche Naturidyllen leicht und bequem erreichbar, man muss sich unterwegs aber auch mit den Narben des Wintertourismus abfinden. Nur die Westhänge machen eine Ausnahme, sie sind von Aufstiegshilfen unberührt geblieben, da sie sich für den Skisport als ungeeignet erwiesen. So sind gerade dort ein paar besonders reizvolle Touren zu finden, die jedoch auch die Kondition fordern. Einmalig ist beispielsweise der Höhenweg via Höhbalmen. Dieser vermittelt vor allem sensationelle Eindrücke von der Matterhorn-Nordwand und der Dent d'Hérens. Man kann ihn auf verschiedene Weise angehen. Der schönste Zustieg ist sicherlich über Alterhaupt, eine über einen botanischen Lehrpfad zugängliche aussichtsreiche Felsenkanzel, die schon als eigenständiges Ziel lohnenswert ist. Unter den Ortskundigen wird das Alterhaupt meist Edelweiss genannt, wegen seines

Von Wollgras gesäumt zeigt sich der Riffelsee im August.

Gasthauses, das sich dort in einsamer Lage behauptet. Von diesem kann man Höhbalmen entweder direkt durch einen steilen Graben erreichen oder auf Umwegen durch das malerische Triftbachtal und über das Berghaus Trift. Etwas weniger anstrengend ist der Zugang vom Schwarzsee über die Stafelalp und den Arbenbach, da der Schwarzsee per Bahn erreichbar ist.

Das Berghaus Trift ist Ausgangspunkt für das Platthorn und das Mettelhorn, zwei anspruchsvolle Wandergipfel mit hinreissenden Ausblicken. Für das Mettelhorn bedarf es allerdings alpiner Erfahrung, da im letzten Abschnitt das Firnfeld eines Seitenarms des Hohlichtgletschers überquert werden muss. Durch die Ausaperung der letzten Jahre, bei der sich zunehmend die Spalten öffnen, ist das etwas heikler geworden. Sind die Verhältnisse ungünstig, sollte man sich mit dem davorliegenden Platthorn begnügen. Das Mettelhorn gilt übrigens auch als idealer Trainingsberg für Matterhorn-Normalweg-Aspiranten. «Wer in vier Stunden von Zermatt aus ohne Mühe das Mettelhorn erklimmt, ist konditionell gewappnet für das Matterhorn», heisst die Regel.

Wenn es um den beliebtesten Aussichtspunkt geht, nimmt der Gornergrat sicherlich den ersten Rang ein. Schliesslich ist er bequem mit dem nostalgischen Zug – der ersten elektrischen Zahnradbahn der Schweiz – erreichbar, der unendlich langsam die steilen Flanken hinaufschleicht (durchschnittliche Steigung 160 Prozent, maximal 200 Prozent) und somit viel Zeit lässt, das herrliche Panorama mit dem stolzen Matterhorn als Blickfang zu geniessen. An schönen Tagen ist der von

Auch das gehört dazu: Fast täglich posieren Gruppen von Japanern vor der Kulisse des Matterhorns.

einem wuchtigen Gipfelhotel mit Observatorium und Bergkapelle gekrönte Gornergrat ein internationaler Rummelplatz. Vor allem Japaner treffen sich hier auf ihrer Sightseeing-Jagd durch Europa. Europäer gehen in ihrer Masse regelrecht unter. Unterhaltsame Szenen liefert das Aufstellen zum Gruppenfoto. Stramm stehen vor dem Matterhorn, vielleicht noch ein Schweizer Fähnchen in der Hand, aber garantiert zwei bullige Bernhardiner zu Füssen, denen die Sonnenbrillen schief über der Schnauze hängen und die gähnend Tätscheleien erdulden. Gerne belagern auch Künstler mit ihren Staffeleien das Territorium. Was sie malen, liegt auf der Hand: das Matterhorn in allen Farbnuancen, mitunter findet aber auch das Monte-Rosa-Massiv und der Gornergletscher Beachtung. Tatsache ist, dass sich hier auf 3090 Metern über Meer eine gewaltige Rundsicht öffnet. Von den 33 Schweizer Viertausendern, die sich in einem Umkreis von 15 Kilometern aufbauen, präsentieren sich dem Auge gleich 28 majestätische Gebirgsgiganten auf einen Schlag. Klar, dass bei solchen solchen Superlativen grosser Ansturm herrscht.

Das Erfreuliche ist, dass die meisten Reisenden einen gut gefüllten Terminplan bewältigen müssen, so dass sich das Gelände spätestens in den Abendstunden leert und die wenigen Übernachtungsgäste den Gornergrat wieder ganz für sich haben. Auch die fast schon zahmen Steinböcke kommen dann aus ihren Verstecken und lassen sich ganz aus der Nähe beobachten. Um untertags dem Ansturm zu entfliehen, braucht es nur ein paar Schritte jenseits der Aussichtsplattform in eine Felswüste, die für die meisten Touristenschuhe ungeeignet ist. Die reizvolle Route über den Hohtälligrat ist den routinierten Bergwanderern vorbehalten. Bis zum Hohtälli (3286 m) ist es allerdings noch ganz leicht, und das Stück könnte auch mit der Seilbahn abgekürzt werden. Doch die Fortsetzung ist dann um einiges anspruchsvoller. In aller Stille und begleitet von einmaligen Aussichten folgt man dem exponierten Grat zum Stockhorn (3532 m).

Seen, in denen sich das Matterhorn spiegelt, haben eine besondere Anziehungskraft. An Prominenz kaum zu übertreffen ist sicherlich der Schwarzsee, der sich am Fuss des Matterhorns platziert hat. Eindrücklich der Blick steil hinauf zum Gipfelkönig, doch zu nah, als dass es dieser schaffen könnte, sich im Seespiegel zu verdoppeln. Dafür gelingt das umso schöner der weissen Kapelle «Maria zum Schnee» am Nordufer, über dem sich imposant Obergabelhorn und Wellenkuppe aufbäumen. Das barocke Gotteshaus aus dem 18. Jahrhundert wurde von in Not geratenen Zermattern gestiftet, die, so erzählt die Sage, von der Muttergottes gerettet wurden. Sie wurden am Theodulpass von stürmischem Unwetter überrascht, gerieten vom Weg ab und zogen einem tödlichen Ausgang entgegen. Da gaben sie sich das Versprechen, am Schwarzsee eine Kapelle zu bauen, und prompt legte sich der Sturm, und die Kameraden fanden nach Hause. Eine jährlich am ersten Oktobersonntag stattfindende Bergführer-Messe erinnert daran, dass das gefährliche Unterfangen von Alpinisten dem Schutz einer höheren Macht bedarf. Feierlich geht es dort oben auch am Kapellenfest des 5. August zu. Den tief religiösen Zermatter Ahnen war die Kapelle vor allem einen

Beim Casino von Zermatt befindet sich ein Murmeltierbrunnen. Die pfiffigen Gesellen werden einem auf dem Matterhorntrek noch oft begegnen.

Bittgang wert, wenn die Ernte in Gefahr stand. War der Sommer zu trocken, pilgerte man zu «Maria zum Schnee», und, überzeugt von der Wirkung einer solchen Prozession, nahm man auch gleich einen Regenschirm mit.

Den ganzen Sommer durch tummeln sich zahlreiche Badegäste an der dunklen Lache des Schwarzsees, darunter viele erhitzte Gesichter, die entweder vom Matterhorn oder von der Hörnlihütte herunterkommen und sich über eine dringend notwendige Abkühlung freuen. Ob sie wohl wissen, dass sie in den dunklen Tränen des «Ewigen Juden» baden, des Ahasverus, der weit zurück in der Geschichte einen Fluch ausgesprochen haben soll? Eine Legende berichtet von einer Stadt, die es einst am Theodulpass gegeben haben soll. Kein Bewohner dort wollte Ahasverus bei seiner Durchreise aufnehmen, und so prophezeite er den Ungastlichen das Versinken ihrer Stadt unter Eis und Schnee. Tausend Jahre später kehrte Ahasverus zurück und gewahrte die unwirtliche Eiswüste, die auch heute noch den Pass ziert – durch den skisportlichen Wahn ärger verunstaltet denn je – und nicht nur Ahasverus wie einst zum Weinen bringt.

Der Riffelsee unterhalb der Station Rotenboden (Gornergratbahn) zählt zu den fotogensten Exemplaren seiner Art. Nur ein dünner Uferrand trennt das Matterhorn von seinem Spiegelbild, bezaubernd bei Windstille und im Morgenlicht. Nicht weniger attraktiv sind der Grindjisee und der Stellisee. Sie lassen sich mit dem Grünsee, an dem sich ein nostalgisches Berghotel befindet, zu einer ansprechenden Fünf-Seen-Wanderung verknüpfen. Startet man auf Sunnegga, hält man sich am Leisee vorbei zum Mosjesee, steigt dann jenseits des Findelbaches zum Grünsee auf, schreitet in einem Bogen das Findelntal zum Grindjisee aus und erreicht über den Stellisee die Bergstation Blauherd. Anstatt sich mit der Gondel zurück zur Sunnegga befördern zu lassen, empfiehlt sich der Abstieg rechts der Bahntrasse über sonnige Matten, die von zahlreichen Murmeltierfamilien besiedelt sind. Die putzigen Wollknäuel haben im Zuge des regen Wandertourismus zumindest hier ihre Scheu abgelegt. Am Murmeltier-Beobachtungsposten etwas unterhalb von Sunnegga lassen sie sich mitunter sogar streicheln. Das Füttern sollte man aber unbedingt unterlassen, denn es entspricht nicht ihren Lebensgewohnheiten und schadet ihnen nur.

Das Murmeltier

Das charakteristische Pfeifen, das Warnsignal des Murmeltiers, wird Sie auf dem Matterhorn-Rundweg oft begleiten. Doch was wie ein Pfiff tönt, ist im Grunde ein Schrei, denn der schrille Laut wird nicht zwischen den Zähnen gebildet, sondern dringt aus der Kehle hervor. Folgen die Pfiffe kurz aufeinander, werden die Artgenossen vor einer Gefahr am Boden gewarnt, ein langgezogener Pfiff hingegen meldet einen Angriff aus der Luft. In der Regel sind die pelzigen Nagetiere scheu und nur aus der Ferne zu beobachten, da die Wanderwege in der Regel nicht so frequentiert sind wie diejenigen des Zermatter Umlandes. Ihre Lebensgewohnheiten sind lange Zeit kaum erforscht gewesen, da sich ein Grossteil ihrer Aktivität unter dem Boden abspielt. An sonnigen Hängen oberhalb der Waldgrenze graben sie sich ihre Wohnkammern bis zu drei Meter tief in die Erde. Mehrere Gänge führen von dort ans Tageslicht, aber auch Sackgassen sind eingerichtet, die als Toilette genutzt werden. Das Sozialverhalten der in Grossfamilien lebenden Tiere ist sehr ausgeprägt und äussert sich in gegenseitiger Fürsorge, Aufmerksamkeit und dem Warnen vor Feinden. Die einzelnen familiären Territorien werden auch gegenüber Artgenossen streng verteidigt.

Der Winterschlaf, der etwa Anfang Oktober beginnt, ist das physiologisch interessanteste Phänomen. Über die Hälfte des Jahres liegt das Mur-

meltier lethargisch auf einem Heulager in seinem Bau. Während dieser Zeit befindet es sich in Hypothermie, das heisst, dass seine Körpertemperatur auf fast 10 °Celsius abgesunken ist. Der Herzschlag geht auf acht bis zehn Schläge zurück, und die Atmung findet nur noch ein- bis zweimal pro Minute statt. Eng zusammengerollt liegen stets mehrere Tiere zusammen und vermindern so die Wärmeabstrahlung. Die wenige Energie, die sie brauchen, beziehen sie ausschliesslich aus ihren Fettreserven, die sie sich im Laufe der warmen Jahreszeit angefressen haben. Diesem Fett wurden denn auch heilende Kräfte zugesprochen, gegen Schlaflosigkeit, Gicht und Rheuma, weshalb sie lange Zeit gejagt und Anfang des Jahrhunderts sogar beinahe ausgerottet waren.

Der erste Teil des Europawegs verläuft als bequeme Höhenroute.

Eine innere Uhr lässt sie im Frühling (Ende April/Anfang Mai) wieder erwachen. Kurz darauf folgt die Paarungszeit. Nach einer Tragzeit von etwas mehr als einem Monat kommen die Jungtiere nackt, als sogenannte Nesthocker, zur Welt. Erst nach etwa sechs Wochen (in der Regel Mitte Juli) verlassen sie den schützenden Bau. Ein Erlebnis für jeden, der das Glück hat, dies beobachten zu können.

Das Murmeltier (Marmota marmota) ist den Nagetieren zugeordnet und zählt zur Familie der Hörnchen.

Schlechtes Wetter gibt es nicht

Was tun, wenn das Matterhorn und die grandiose Berglandschaft sich in Nebel oder Schlechtwetterwolken hüllen? Damit die Gäste sich auch dann nicht langweilen, hat sich die Zermatter Bergführervereinigung eine besondere Attraktion einfallen lassen: einen Abenteuerparcours durch die Gornerschlucht, die vor allem auch ein grandioses Naturerlebnis ist. Mit Seilrutschen schwingt man sich durch eine in Jahrmillionen tief in den Fels gewaschene Klamm, balanciert über abenteuerliche

Alte Holzhäuser prägen den Weiler Zmutt und den Dorfkern von Zermatt.

Hängebrücken und wacklige baumstammbreite Stege, kraxelt durch eine bläulich schimmernde Welt aus fantastischen Formen und Gletschermühlen im glatt geschliffenen Gneis. Die besondere Attraktion: Man kann sich durch eine der Gletschermühlen hindurchquetschen – nichts für korpulente Menschen! In schwindelnder Tiefe, dreissig Meter unter den Sohlen, rauscht der Gornerbach und sorgt dafür, dass die Gänsehaut nicht weicht. Ganz nostalgisch dann der Ausklang über den historischen Schluchtsteg von 1880, eine der ersten touristischen Einrichtungen von Zermatt.

Ein weiterer Klettersteig mit vier Varianten wird an der Schweifine, den Felsen über dem Zermatter Bahnhof, im Sommer 2006 eingeweiht.

Information

Zermatt Tourismus, Telefon +41 (0)27 966 81 00, Fax (0)27 966 81 01, zermatt@wallis.ch, www.zermatt.ch. Zermatt Bergbahnen, Telefon +41 (0)27 966 01 01, www.bergbahnen.zermatt.ch.

Anreise

Bahn: Beste Zugverbindungen, jeweils mit Umsteigen in Brig oder Visp auf die Matterhorn-Gotthard-Bahn. Informationen: Matterhorn-Gotthard-Bahn, Nordstrasse 20, 3900 Brig, Telefon +41 (0)27 927 77 77, Fax (0)27 927 77 79, info@mgbahn.ch, www.mgbahn.ch.
Auto: Von Westen vom Genfersee durch das Rhonetal über Visp ins Mattertal. Von Norden Autoverlad Lötschberg von Kandersteg nach Goppenstein und über Visp ins Mattertal oder via Luzern, Brünigpass, Meiringen über den Grimselpass. Von Osten Autoverlad Furka von Andermatt-Realp nach Oberwald und weiter über Brig und Visp ins Mattertal. Von Süden von Lugano durch das Centovalli bis Domodossola und über den Simplonpass nach Brig, Visp und ins Mattertal.
Gebührenpflichtiger Parkplatz in Täsch, 5 km vor Zermatt, wo man das Auto für eine Woche stehen lassen kann. Von dort alle 20 Minuten Pendelzüge nach Zermatt. Für Bahnbenützer besteht die Möglichkeit, den Wagen in Visp (33 km vor Zermatt) gratis abzustellen, Telefon +41 (0)27 921 41 11.

Museum

Alpines Museum Zermatt, geöffnet 10–12 und 14–16 Uhr. Dem aussergewöhnlichen Fundus an Belegstücken zur Zermatter Alpingeschichte, den die Familie Seiler im Laufe der Jahre zusammengetragen hat, ist die Gründung des Alpinen Museums 1957/58 zu verdanken. Neben zahlreichen Relikten aus den verschiedenen Tragödien am Matterhorn, wie dem gerissenen Seil der Whymper-Expedition, wird unter anderem auch Einblick gewährt in die historischen Gästebücher der ersten Zermatter Unterkünfte. Als letzte Unterschrift verzeichnet das Hotel Riffelberg den 18-jährigen Lord Francis Douglas, der wenige Tage später während der Erstbesteigung verunglückte. Daneben interessante Dokumentationen zur Volkskunde, zur Fauna und Flora, zur Geologie und Gletschergeschichte sowie zur Entwicklung des Bergsports.

Ausgehen

Das «Vernissage» in der Hofmattstrasse ist nicht nur Kino und Kunstgalerie, sondern auch eine urgemütliche Bar mit offenem Kamin, Telefon +41 (0)27 967 18 32.

Unterkünfte

Grosse Auswahl an Hotels in allen Preisklassen. Preiswert: Jugendherberge, Telefon +41 (0)27 967 23 20; Naturfreunde-Hotel, Telefon +41 (0)27 967 27 88. Mit grandioser Sicht auf das Matterhorn und per Gornergratbahn erreichbar: Hotel Riffelberg (2582 m), Mitte Juni bis Mitte Oktober, Telefon +41 (0)27 966 65 00; Gornergrat Kulmhotel (3090 m), Telefon +41 (0)27 966 64 00, und mit viel Luxus das Riffelalp Resort (2222 m), Mitte Juni bis Ende September, Telefon +41 (0)27 966 05 55.

Die schönsten Wanderungen

– Höhenweg Höhbalmen–Arbenbach: Etwas bequemer von Schwarzsee aus (Bergstation Schwarzsee–Arbenbach–Höhbalmen): 3 Std., Alterhaupt–Zermatt: 2 Std., insgesamt 5 Std. Oder direkt in steilem Aufstieg von

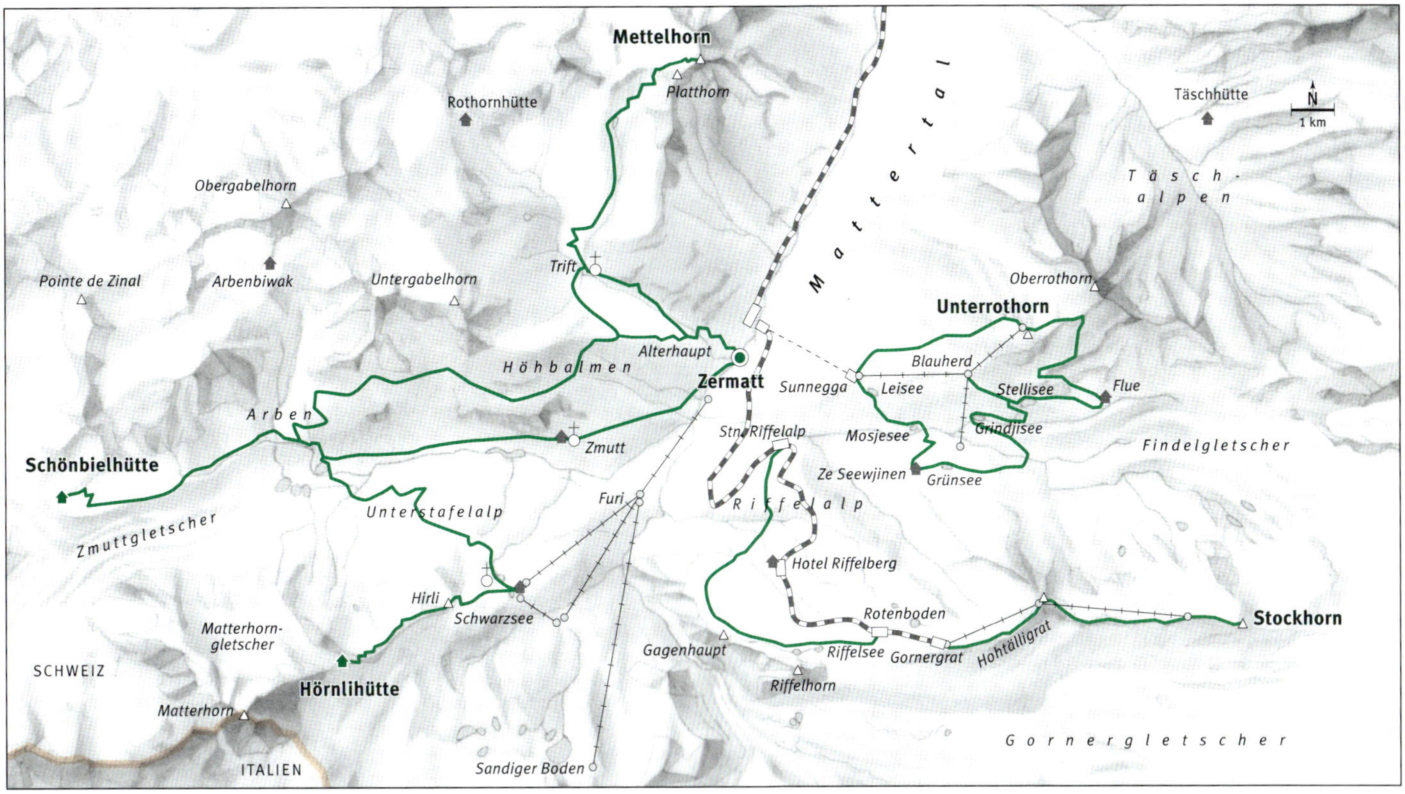

Zermatt aus über Alterhaupt (1961 m) bzw. Trift (2337 m) als abwechslungsreiche Zweitagestour mit Übernachtung in der Schönbielhütte (2694 m, Telefon +41 [0]27 967 13 54): 6 Std. Der Abstieg erfolgt dann über den Hüttenweg via Chalbermatten und Herbrigg zurück nach Zermatt: 3½ Std.

- Botanischer Lehrpfad zur Felsenkanzel von Alterhaupt hinauf: 1 Std. In einmaliger Lage thront dort das Gasthaus Edelweiss (Ende Juni bis Anfang Oktober, Telefon +41 [0]27 967 22 36).
- Das Berghaus Trift, 2¼ Std. von Zermatt (Ende Juni bis Ende September, Telefon +41 [0]79 408 70 20) ist Ausgangspunkt für das Platthorn (3345 m, 3 Std.) und das Mettelhorn (3406 m, 3½ Std.).
- Gratroute Gornergrat (3090 m)–Hohtälli (3286 m)–Stockhorn (3532 m): 3½ Std.
- Riffelsee (2757 m): 5 Min. von der Station Rotenboden, 1½ Std. von der Riffelalp, ½ Std. vom Hotel Riffelberg.
- Grünsee (2296 m): 1 Std. von der Riffelalp (Unterkunft: Bärghüs Grünsee, Mitte Juni bis Mitte Oktober, Telefon +41 [0]27 967 25 53).
- Ansprechende Fünf-Seen-Wanderung von der Bergstation Sunnegga (2288 m): Sunnegga–Leisee–Mosjesee–Grünsee–Grindjisee–Stellisee–Blauherd (2571 m): 5 Std., Blauherd–Sunnegga: 1 Std.

Schlechtwettertipp

Klettersteig Gornerschlucht: Von der Bergstation Furi (1864 m) 10 Min. bis zum Einstieg; Klettersteig bis Ausstieg: 2 Std. 20 Min.; Ausstieg über Schluchtsteg bis Zermatt: 30 Min. Gesamtzeit: 3 Std. Anforderungen: KS3-S (sportklettersteigmässig bis ziemlich schwierig). Ausrüstung: neben Klettersteigset Seilrolle und ein 25-Meter-Seil. Unterwegs ein Pendelquergang, 2 Tyroliennes (die letzte 80 m lang) und 2 Abseilstrecken à 10 m kurz vor dem Schluchtsteg. In jedem Fall wird die Begleitung eines Bergführer empfohlen. Informationen im Alpin-Center Zermatt.

Literatur

Ernesto Perren: Wanderführer Zermatt, Rotten Verlag
Christoph Käsermann, Fabian Meyer, Arnold Steiner: Die Reichtümer der Natur im Wallis. Die Pflanzenwelt von Zermatt, Rotten Verlag
Henri Rougier: Zermatt und seine Bergwelt – Wandel einer hochalpinen Kulturlandschaft, Orell Füssli Verlag. Ausführliches über Geologie und Geschichte.
Heidi Lanz, Liliane De Meester: Ulrich Inderbinen, Rotten Verlag

Karten

Landeskarte 1:25 000, 2515 Zermatt - Gornergrat
Landeskarte 1:50 000, 284 T Mischabel
MPA-Wanderkarte 1:50 000 Zermatt - Saas Fee
Wanderkarte 1:60 000 Kümmerly + Frey, Visp - Zermatt - Saas Fee - Grächen

Das Matterhorn der Berg der Berge

In den Jahren nach dem ersten Gipfelsieg wurde der Berg auf jede denkbare Art bestiegen: über die Nordwand, die Südwand und die Ostwand. Und als alle möglichen Routen erobert waren, kamen verrücktere Rekorde: die erste Winterbegehung, der erste Alleingang, die erste Skiabfahrt, die erste Kombitour – solo durch die Nordwand, Skiabfahrt durch die Westwand und Drachenflug vom Gipfel –, der erste Kiosk am Hörnligrat – als Gag der Sendung «Verstehen Sie Spass» für Reinhold Messner –, der erste Klettermarathon nonstop über alle vier Grate in 23 Stunden von Hans Kammerlander.

Matterhorn, Mont Cervin, Monte Cervino, die Einheimischen auf der Schokoladenseite nennen ihn schlicht das «Hore», für die restlichen Walliser ist es das «Horu». Drei Sprachen, zwei Länder, jede Menge aufregender Talfurchen und Gletscherflanken drumherum. Stünde das 4477 Meter hohe Matterhorn nicht so frei, wären seine

So zeigt sich das Matterhorn nur von der Capanna Margherita aus. Die höchste Schutzhütte der Alpen befindet sich an der Signalkuppe im Monte-Rosa-Massiv.

Am Hörnligrat schweift der Blick über den Matterhorngletscher ins Zmutttal.

Eleganz und ungewöhnliche Form womöglich gar nicht aufgefallen, und es wäre vielleicht gar nicht zum schönsten Berg der Welt erkoren worden. Nicht weniger als 28 Viertausender halten gebührenden Abstand zum «Beau» der Alpen. Unzählige Künstler, Dichter, Schriftsteller und Filmemacher haben ihr Loblied für den Berg geschrieben. «Das Matterhorn ist gleichzeitig Herrscher, Schirmherr und Hauptdarsteller, zu ihm schaut man auf wie zu einem Fürsten der Alpen. Überall in Zermatt und der Umgebung springt es einem ins Auge und lässt die Fantasie der an seinem Fuss ungeduldig wartenden Bergsteiger keinen Augenblick in Ruhe», schreibt François Nourissier. Vor allem die Werbeindustrie profitiert vom Ruf des Matterhorns. «O Matterhorn, o Matterhorn, du ewiger Reklameborn, du wirbst für Ski und Lebertran und für die Schweizer Bundesbahn, für Schokolade, Armbanduhren, für Sanddornsaft auf Klettertouren, für Suppennudeln, Perlonseile, für Bücher gegen Langeweile. Was lockte uns zum Käsekauf, wär nicht das Matterhorn darauf?» Das Gedicht des Wiener Bergsteigers Pauli Wertheimer bringt es auf den Punkt. Wer durch die Gassen von Zermatt schlendert, fühlt sich in einen Supermarkt mit Matterhornprodukten versetzt: süsse Schokoladenträume in der typischen Bergform, Schnapsflaschen, in denen das Symbol glitzert, T-Shirts mit Aufdrucken aller Spielarten des Horns ... fehlen nur noch dreieckige Matterhornmützen, die das Personal obligatorisch aufsetzen müsste, so eine Art Matterhorn-Uniform.

Das Matterhorn ist ein Symbol der Eidgenossenschaft, obwohl es erst seit 1815 zur Schweiz gehört. Die Grenze zu Italien zieht sich genau über seinen Gipfel, genauer gesagt über zwei Gipfel, den östlichen Hauptgipfel und einen westlichen Nebengipfel. Und obwohl beide Gipfel jeweils zur Hälfte auf zwei Länder aufgeteilt sind, tragen sie noch immer ihre Namen aus den Besteigungsanfängen. Der «Schweizer Gipfel» ist 1,10 Meter höher, dafür erhebt sich auf dem «italienischen Gipfel» das gewaltige Gipfelkreuz, 2,8 Meter hoch und 90 Kilogramm schwer. Es brauchte zwei Jahre um die Einzelteile kurz nach der Jahrhundertwende hinaufzuschaffen.

Das Matterhorn ist weltweit so bekannt wie der Mount Everest, doch es ist nicht der höchste Berg der Eidgenossenschaft. Das östlich daneben liegende Monte-Rosa-Massiv trägt mit der Dufourspitze (4634 m, benannt nach General Henri Dufour, dem Schöpfer der ersten topografischen Karte der Schweiz) den höchsten Punkt der Schweiz. Und wer mit keinem anderen Land teilen

will, nennt den Dom (4545 m), den höchsten Gipfel der Mischabelgruppe (die Form soll an eine Mistgabel erinnern, daher der Name), als tatsächlichen rein schweizerischen Höhepunkt.

Der Normalweg

Über den Normalweg des Hörnligrats hört man vor allem Abschreckendes: Schlangestehen an den Schlüsselstellen, Steinschlag durch Voraussteigende, gegenseitige Rücksichtslosigkeit, Pöbeleien, Fäkaliengestank ... Bei einem täglichen Ansturm von bis zu 200 Alpinisten während der kurzen Hochsaison und in Schönwetterphasen ist das auch kein Wunder.

Das Matterhorn steht auch in der Unfallstatistik ganz vorn. Schon zu Beginn seiner Popularität sprach man von «l'alpe homicide», dem «mordenden Berg». Und so ist es durchaus nicht verkehrt, sich den weisen Rat von Edward Whymper einzuverleiben: «Ersteige die Hochalpen, wenn du willst, aber vergiss nie, dass Mut und Kraft ohne Klugheit nichts sind und dass eine augenblickliche Nachlässigkeit das Glück eines ganzen Lebens zerstören kann.»

Man kann niemandem den Wunsch verübeln, einmal auf dem Gipfel des Matterhorns stehen zu wollen. Doch wer kein Geld für einen Bergführer ausgeben will, spart am falschen Ort. Ein Bergführer ist teuer, besonders am Matterhorn. Doch mit Bergführer ist die Chance am grössten, sicher und ohne Schlangestehen den Gipfel zu erreichen, damit dann auch wirklich ein grossartiges Erlebnis in Erinnerung bleibt.

Für Routinierte ist die Kletterei an und für sich nicht schwer, hauptsächlich II. Grad und nur wenige Stellen im III. Grad. Das Problem sind die «Grampini», wie die Führerlosen im heimischen Dialekt genannt werden, die umherirren, um den richtigen Weg zu finden, was nicht einfach ist, dabei oft zu weit in die Ostwand geraten und sich so nicht nur selbst gefährden, sondern durch die Auslösung von Steinschlag auch andere. Ein weiteres Problem ist die Selbstüberschätzung. Wenn man den 7. Grad im Klettergarten bewältigen kann, heisst das noch lange nicht, dass das Matterhorn ein Spaziergang ist. Viele sind den Anforderungen schlicht nicht gewachsen. Berühmte Berge ziehen immer auch Menschen an, die im Grunde gar nicht dorthin gehören. Eintausendzweihundert Höhenmeter andauernde Kletterei von der Hörnlihütte aus, durch instabilen Fels, im oberen Bereich auch noch mit lästigen Steigeisen. Kommen die enorme Höhe und die Ausgesetztheit noch hinzu, besonders unbekömmlich für jene, die aus dem Flachland angereist sind und sich kaum akklimatisiert haben. Immer wieder gibt es Berggänger, die an zu langem Seil gehen und dadurch Steinschlag auslösen. Das Matterhorn muss man am kurzen Seil besteigen, so kann man jede Unsicher-

Eine süsse Verführung: Praliné-Matterhörner.
Die Gletschergrotte am Kleinen Matterhorn gilt als höchste Europas.

Nur mit Bergerfahrung und bester Kondition sollte man sich an die Besteigung des Matterhorngipfels machen.

So zeigt sich das Monte-Rosa-Massiv (oben) von der Terrasse der Hörnlihütte aus (unten).

heit des Nachsteigenden sofort spüren und dem entgegenwirken. Gefahr droht auch bei Wetterwechsel, was meist schneller passiert, als man wahrnehmen kann. Treten starke Windböen, Nebel und Schnee plötzlich auf, kommen viele der «Grampini» nicht mehr weiter, und die Bergrettung hat alle Hände voll zu tun.

Die Besteigung des Matterhorns kann jedoch ein wunderbares Erlebnis sein, wenn man sie mit einem Bergführer in Angriff nimmt, wenn man sich vorher gut akklimatisiert und eine gute Kondition hat, beispielsweise nach dem Matterhorntrek oder wenn man vorher schon einen leichten Viertausender bestiegen hat, etwa das Bishorn (siehe Variante B, Etappe 4).

Doch auch allein schon der Zustieg zur Hörnlihütte ist ein Erlebnis und für normale Bergwanderer gut machbar. Die Ausblicke sind einzigartig, vor allem auf die Monte-Rosa-Gruppe mit der Dufourspitze, dem höchsten Gipfel der Schweiz.

Klein Matterhorn

Ganz anders ist der kleine Bruder des Matterhorns, ein Felszahn östlich des Theodulpasses, der sich unter der Masse des Breithorns geradezu zierlich ausnimmt. Ihn muss sich niemand erkämpfen, denn eine Gondel schwebt hinauf. Gab es bereits Ende des 19. Jahrhunderts die wahnwitzigsten Projektentwürfe zum Bau einer Bahn auf den Gipfel des Matterhorns, die aber glücklicherweise und durch die vehemente Ablehnung der Bevölkerung nie realisiert wurden, so konnte doch wenigstens am Klein Matterhorn ein gigantisches Projekt Wirklichkeit werden: die 1997 fertiggestellte höchste Luftseilbahn Europas mit Spannweiten bis zu 2,7 Kilometern und einer Technik, die auf klimatische Extrembedingungen ausgelegt sein muss. Dank ihr kann heute jeder, auch Stöckelschuh und Turnschuh, vom Trockenen Steg über den Theodulgletscher gleiten und wie selbstverständlich auf 3820 Meter Höhe aussteigen.

Dass auch das auf die Puste geht, ist nicht jedem klar. Jeder Schritt bedarf plötzlich doppelter Energie. Viele, die an die Höhe nicht gewöhnt sind, klammern sich, erstaunt über Schwindelgefühl und Herzflattern, am Geländer der Treppe fest, die zu einer Aussichtsplattform führt. Dem Unwohlsein nimmt dann sogleich der Rundblick den Atem. Das Gipfeldach des Matterhorns wirkt ganz spitz, seine Ostwand noch gewaltiger. Rechts daneben Dent Blanche, Wellenkuppe, Obergabelhorn, Zinalrothorn, Weisshorn, das Band der Ber-

ner Alpen in der Ferne. Weiter wandert der Blick von der Mischabelgruppe über das Rimpfisch- und Strahlhorn zum Monte-Rosa-Massiv, verdeckt vom links zum Greifen nahen Breithorn, übrigens der meistbestiegene Viertausender der Alpen. Im Süden die Furchen der Täler Italiens. Monte Viso und Gran Paradiso schälen sich aus der Gipfelkette, die sich südwestlich in den französischen Alpen fortsetzt. Dort, auch vom Laien erkennbar, das breite Haupt des Montblanc. Über den Grand Combin und den Dent d'Hérens schliesst sich der Kreis wieder am Matterhorn.

Bergführer

Bureau des Guides, Alpin-Center Zermatt,
Telefon +41 (0)27 966 24 60, alpincenter@zermatt.ch.
Bergführer-Empfehlung: Egon Feller,
Telefon +41 (0)79 213 98 05, f-egi@bluewin.ch.

Unterkünfte

Hörnlihütte (3260 m), Telefon +41 (0)27 967 22 64, und Berghotel Matterhorn (früher Hotel Belvedere, 3260 m), Telefon +41 (0)27 967 13 13. Zustieg ab Schwarzsee (2583 m): 2 Std., Seilbahn von Zermatt.

Karte

Landeskarte 1:25 000, 2515 Zermatt - Gornergrat

Literatur/Führer

Peter Donatsch: Alle 4000er der Alpen, AT Verlag
Richard Goedeke: 4000er. Die Normalwege auf alle Viertausender der Alpen, Bruckmann Verlag
Maurice Brandt: SAC-Clubführer Walliser Alpen, Band 3
Michael T. Ganz, Marc Valance, Heinz Dieter Finck: Matterhorn – Eine Besichtigung, Werd Verlag
Carl Heusel: Der Kampf ums Matterhorn. Das Drama als Roman, Rotten Verlag
Paul Borer: Matterhorn – Faszination, Herausforderung, Geschichte, Rotten Verlag

Auf dem Gipfel des Matterhorns liegt einem die Welt zu Füssen.

Das Matterhorn eine geologische Sensation

28 Viertausender gruppieren sich in angemessenem Abstand um den freistehenden Gebirgssockel des Matterhorns und lassen erahnen, dass es sich hier um eine geologische Sensation handelt. Denn das Matterhorn gilt als ein Stück Afrika auf europäischem Grund, und das ist wahrlich eine exotische Vorstellung. Um das zu verstehen, muss man einen Blick weit zurück in die Erdgeschichte werfen.

Vor 250 Millionen Jahren waren alle Kontinente der Erde noch eine einzige riesige Landmasse – von den Geologen Superkontinent Pangea genannt –, die dann aufgrund von Plattenverschiebungen in der Triaszeit zu zerbrechen begann. Ureuropa und Urafrika drifteten voneinander weg, und dazwischen breitete sich ein gewaltiger Ozean aus, das sogenannte Meer von Tethys (Name einer griechischen Meeresgöttin). In dieses Meer wurden die Abtragungsprodukte der Kontinente abgelagert, und im Laufe einer langen Zeitperiode schichteten sich mehr und mehr der unterschiedlichsten Sedimentgesteine übereinander. Die Kontinentalplatten, die sich in verschiedenen Phasen einmal annäherten, dann wieder voneinander entfernten, stiessen zu Beginn der Tertiärzeit, also vor etwa 30 bis 40 Millionen Jahren, in einer heftigen Kollision zusammen. Die unterschiedlichen Ge-

steinsschichten wurden durch den ungeheuren Druck und die gewaltigen Spannungen nicht nur kompliziert gefaltet und ineinandergeschoben, sondern zugleich auch angehoben. Diese Auffaltung hat das formenreichste Gebirge Europas entstehen lassen: die Alpen. Von den Deckenverschiebungen am stärksten betroffen waren die penninischen Alpen, das heisst das Gebiet des Matterhorntreks bzw. der gesamte Teil zwischen dem Montblanc- und dem Adulamassiv.

Den verschiedenen Decken wurden Namen gegeben. Die Mischabeldecke aus kontinentaler Kruste setzt sich aus Gneisen und Glimmerschiefer zusammen; die Monte-Rosa-Decke als südlichster Teil von Ureuropa besteht aus Granit und Gneisen aller Art; die Bündnerschiefer-Decke entstammt dem ehemaligen Ozean und beinhaltet weiche, erosionsanfällige Sedimente wie Kalk- und Glanzschiefer aus dem Mesozoikum mit darin eingelagerten Grüngesteinen; sie ist ausserdem zweigeteilt in die Zone von Zermatt - Saas Fee und die Tsatédecke (ehemalige Combin-Zone), Erstere charakterisieren Gesteine aus dem tieferen Meeresboden, Letztere aus weniger tiefem Untergrund; die Dent-Blanche-Decke, die vom Matterhorn bis zum Weisshorn reicht, ist ein Teil des afrikani-

Im Herbst, wenn ein erster Hauch von Schnee das Matterhorn in einen leichten Wintermantel hüllt, ist es schon zu spät für den Matterhorntrek.

Ammonitenabdrücke im Gestein belegen, dass die Alpen ursprünglich vom Meer bedeckt waren.

schen Urkontinents und besteht aus Gneis und Granit.

Auf vielen Abschnitten des Matterhorntreks zwischen dem Mattertal und dem Val d'Hérens kann man bei bewussterer Betrachtung sehen, wie diese Decken dachziegelartig übereinander gelagert sind. Die Dent-Blanche-Decke beispielsweise ist mit ihrer Gneis- und Granitmasse auf den Kalkschiefer der Tsatédecke aufgeschoben, was man vom Europaweg zwischen Zermatt und Grächen aus sehr gut beobachten kann. Nördlich des Weisshorns beschreibt der Gneis der Kontinentalkruste einen grossen Bogen, bevor er unter den Talgrund abtaucht. Mal wandert man über europäisches Urgestein, mal über ehemals ozeanischen Untergrund. Zu den ältesten Gesteinen beispielsweise im Turtmanntal zählen die Bändergneise, Augenschiefer und Amphibolite, die den alten europäischen Sockel bilden. Dazwischen finden sich immer wieder Überreste der ozeanischen Kruste (Ophiolithe), die sich im Laufe der Subduktion losgerissen und mit den Sedimenten vermischt haben. Diese Splitter von Ophiolithen sind vermengt mit Kalkschiefern und Glanzschiefern (Schistes lustrés), die alte Meeresablagerungen darstellen. Letztere sind kennzeichnend für abgerundete Gipfel wie beispielsweise den Corne de Sorebois, den man auf der 5. Etappe überschreitet. Der Staudamm des Lac de Moiry wiederum ist auf den harten Gneisen des Kontinentalrandes erbaut.

Dass sich über dreissig markante Gipfel auf der Dent-Blanche-Decke zusammendrängen, ist so spektakulär wie einzigartig im gesamten Alpenbogen. Matterhorn, Zinalrothorn, Obergabelhorn, Dent d'Hérens, Weisshorn, um nur die berühmtesten Giganten zu nennen. In der Decke am meisten vertreten ist der sogenannte Arollagneis mit typischem grünlichem Glimmer. Eingelagert ist der dunkle Gabbro (magmatisches Gestein), der zum Beispiel am Mont Collon zutage tritt (7. Etappe). Auf der italienischen Seite wird die Decke hauptsächlich durch die schiefrigen Bauelemente der Valpelline-Gesteinsreihe bestimmt.

Von zahlreichen Aussichtspunkten um Zermatt wie Gornergrat, Klein Matterhorn, Mettelhorn oder Oberrothorn kann man sich einen geologischen Überblick verschaffen. Zum Beispiel vom Gornergrat: Dort sieht man ein Kontinentalfloss auf den Resten eines ursprünglichen Ozeans, der sich selbst wiederum auf einen anderen Kontinent geschoben hat. Eigentlich unglaublich. Der Kontrast der kontinentalen und ozeanischen Gesteine ist fantastisch: schroffe, steil aufragende Felswände aus dem Gneis kontinentalen Ursprungs, dazwischen Gletscher, Firnfelder, sanfte Hänge und rundliche Hügel als Zeugen des Ozeans. Dank der tertiären Hebung der Alpen an die Erdoberfläche sind diese Schnittstellen einer ursprünglichen Subduktion zwischen Kontinent und Ozean in aufregender Weise sichtbar geworden. Durch die Erosion freigelegt, sieht man quer durch die Felswand am Fuss des Matterhorns deutlich den Kontakt von Kontinent und Ozean. Und wer sich auf der Westseite von Zermatt im Aufstieg zum Berghaus Trift oder Mettelhorn befindet, kann die Nahtstelle der beiden Bauelemente, die zwischen Höhbalmen und Schweifinen erkennbar ist, gar durchwandern.

Der Schweizer Geologe Emile Argand hat vom Gornergrat aus als Erster das scheinbar Widersprüchliche erkannt, kartografisch erfasst und erklärt, nämlich dass hier alte und harte Gesteine entgegen zeitlicher Logik auf wesentlich jüngeren, weicheren Gesteinen lagern.

Natürlich wurden die Alpen nicht allein durch den Zusammenprall gestaltet. Seit ihrer Entstehung haben Erosions- und Abtragungsvorgänge, Gletscher, Wasser, Wind, Frost und Hitze über Millionen von Jahren unaufhörlich weiter modelliert, mit Höhlungen, Abgründen, Schluchten, rundem, eckigem, spitzem Fels eine gewaltige Bildhauerarbeit geleistet. Und dieser Prozess ist keineswegs abgeschlossen. Wir können selbst miterleben,

Auf der Normalroute zum Matterhorngipfel verirren sich nicht selten Unkundige im Gewirr der Wege.

Das Mattertal, von Viertausendern gesäumt: Strahlhorn, Rimpfischhorn, Allalinhorn, Alphubel, Täschhorn und Dom (von rechts nach links).

wie sich die Alpen ständig verändern. Felsstürze durch Erderwärmung und der Gletscherrückgang sind schon seit längerer Zeit ein Gesprächsthema und sorgen immer wieder für Schlagzeilen. Am 15. Juli 2003 beispielsweise mussten wegen eines Bergsturzes am Hörnligrat des Matterhorns unzählige Bergsteiger und Bergführer per Helikopter vom Berg geholt werden, und das Horn war daraufhin sogar für einige Tage gesperrt, bis man wieder eine neue Route eingerichtet hatte. Der Rückzug des Permafrostes, das Schwinden der permanent gefrorenen Partien, die den ohnehin schon brüchigen Fels zusammenhalten, vergrössert die Gefahr von Steinschlag und Felsstürzen, und das nicht nur am Matterhorn. Durch die globale Klimaerwärmung ist die Grenze des Permafrostes in den Alpen seit 1850 um bis zu 300 Höhenmeter nach oben gewandert.

Gletschervorstösse und Rückgänge, Wärme- und Kälteperioden hat es schon immer gegeben. Heute erscheinen sie uns besonders gravierend, weil in einer geologisch gesehen extrem kurzen Zeitperiode von nur 150 Jahren über 50 Prozent des vorhandenen Eisvolumens dahingeschmolzen ist. Vor 20 000 Jahren war das gesamte Gebiet von einem kilometerdicken Eispanzer bedeckt, aus dem nur die höchsten Alpengipfel herausragten. Dann vor rund 10 000 Jahren zog sich das Eis allmählich zurück. Seine Fliessbewegungen leisteten die Hauptarbeit der Landformung, schliffen und polierten das Gestein, gruben Täler; wo die Eisfläche Bergrücken überlappte, blieben breite Passmulden zurück, und dort, wo das Eis keinen Halt fand, entstanden Hörner und Grate. Das Matterhorn erfuhr dabei die seltene Situation, von allen vier Seiten gleichmässig vom Eis massiert und abgeschliffen zu werden. Zurück blieb ein freistehendes Wunderwerk.

Eine intensive Wärmeperiode ereignete sich vor rund tausend Jahren, und die Gletscher schrumpften zu vergleichsweise kläglichen Flächen zusammen. Die nun leichter zugänglichen Passübergänge, wie der Theodulpass und der Col d'Hérens, wurden als wichtige Verbindungsrouten genutzt. Zur Kleinen Eiszeit, deren Höhepunkt vom 16. bis Mitte des 19. Jahrhunderts stattfand, wuchsen die Gletscher erneut. Seither schmelzen sie wieder, und zwar schneller denn je. Gemäss einer Studie der Universität Zürich sind den Schweizer Gletschern zwischen 1985 und 2000 rund 18 Prozent ihrer Fläche abhanden gekommen. Demgegenüber wurde im Zeitraum von 1973 bis 1985 wurde nur ein Prozent Verlust registriert. Zu den natürlichen Schwankungen von Kälte- und

Wärmeperioden kommt seit den letzten Jahrzehnten die durch den Menschen verursachte Klimaerwärmung hinzu, auf die der Alpenraum besonders empfindlich reagiert. Beim sogenannten Treibhauseffekt sammelt sich in den oberen Luftschichten zunehmend Kohlendioxid, was eine Abstrahlung der Wärme in den Weltraum verhindert und zu einer Zunahme der Durchschnittstemperatur geführt hat. Prognosen besonders pessimistischer Wissenschaftler reden von einer schon bald bevorstehenden eisfreien Zeit, die auf der Erde zu grosser Wasserarmut führen wird.

Markierungen leiten durch das Felschaos am Grossen Graben (2. Etappe).

Glossar

Decke: Eine von ihrer ursprünglichen Unterlage abgelöste Gesteinsplatte, die über grosse Distanzen zu ihrer neuen Unterlage geschoben wurde, wobei die innere Gesteinszusammensetzung der Decke im Wesentlichen erhalten geblieben ist.

Erratischer Block: Findling, der vom Gletscher ins Vorland transportiert wurde.

Falte: Durch seitlichen Druck verbogene Gesteinsplatte.

Kontinent: Hochscholle der Erdkruste, deren Untergrund tief im Erdmantel wurzelt.

Kristallin: Gesteine aus körnigen Kristallen wie Gneis und Granit.

Magmatische Gesteine: Aus einer Gesteinsschmelze (Magma) entstandene Gesteine. Gerät Magma an die Erdoberfläche, kühlt es durch den immensen Temperaturunterschied schnell ab. Aufgrund der raschen Erstarrung können die im Magma enthaltenen Mineralien nicht kristallisieren. Das Resultat sind Gesteine mit feinkörnigem Aufbau, sogenannte Vulkanite oder Oberflächengesteine. Bleibt Magma hingegen im Erdinneren hängen, können die Mineralien aufgrund der langsamen Abkühlung kristallisieren, und es entstehen dabei die grobkristallinen Plutonite oder Tiefengesteine. Wichtigster Vulkanit ist Basalt, bei den Plutoniten ist es der Granit.

Metamorphe Gesteine: In der Tiefe durch Hitze und/oder Druck umgewandelte sekundäre Gesteine. Ihre ursprüngliche Mineralzusammensetzung kann sich dabei so stark verändern, dass das Ausgangsprodukt nicht mehr ersichtlich ist. Zu den metamorphen Gesteinen zählen u.a. Gneis, Quarzit, Amphibolit, Grünschiefer, Serpentinit.

Mesozoikum: Erdmittelalter, bestehend aus Trias (245–210 Millionen Jahre), Jura (210–145 Millionen Jahre) und Kreide (145–65 Millionen Jahre).

Ophiolith: Gruppe von Gesteinen, die ihren Ursprung in der ozeanischen Kruste haben.

Subduktion: Abtauchen von zu schwer gewordenen Lithosphärenplatten unter die Erdruste. Subduktionszonen befinden sich meist an der Grenze zwischen Kontinenten und Ozeanen.

Tektonik: Lehre vom Bau und den Bewegungen der Erdkrusten-Schollen.

Buchtipps

Die hoch komplizierte geologische Situation ist hier natürlich nur vereinfacht wiedergegeben. Wer sich damit intensiver beschäftigen möchte, dem sei das Buch von M. Burri und E. Witzig, «Die Gesteine», aus der Reihe »Erkenne die Natur» empfohlen, Editions Pillet, Martigny. Ebenso der sehr anschauliche Band von Michel Marthaler «Das Matterhorn aus Afrika – Die Entstehung der Alpen in der Erdgeschichte», Ott Verlag, Thun.

Themenexkursionen

Im Val d'Hérens befinden sich zwischen Evolène und Arolla sowie zwischen Les Haudères und Ferpècle hoch interessante geologische Wanderwege mit Schautafeln. Im Sommer werden geführte Exkursionen angeboten, dies auch in Zermatt.

Die Etappen

Ganz anders zeigt sich das Matterhorn von der italienischen Seite, hier von der Bergstation Plan Maison.

1. Etappe

Von Zermatt bis zur Europahütte

Längs des Europawegs bieten sich immer wieder gewaltige Blicke vom Matterhorn bis zum Weisshorn.

Der letzte Wegabschnitt zur Europahütte führt gesichert unter einem Wasserfall hindurch (oben).
Im Aufstieg zur Ober Sattla sieht man Täsch tief unten im Talgrund (unten).

Der 1997 eröffnete Europaweg verbindet Zermatt mit Grächen und ist nicht nur Teiletappe des Matterhorn-Rundwegs, sondern auch der Tour Monte Rosa, die sich ab Grächen in entgegengesetzter Richtung fortsetzt. Das Atemberaubende an diesem insgesamt 31 Kilometer langen Höhenweg, der sich auf einer Höhe von über 2000 Meter durch die Ostflanke des Mattertals zieht, ist seine Ausgesetztheit hoch über dem längsten und tiefsten Tal der Tour; die Viertausenderflanken stürzen hier in schwindelnder Schönheit an die 3000 Meter in den engen Talboden. Das Matterhorn zeigt sich von seiner Schokoladenseite und ist beinahe ständiger Wegbegleiter, ebenso das Zinalrothorn und das Weisshorn. Doch das ist es nicht allein, was diese Höhenwanderung auszeichnet. Sie offenbart sich auch als ein geologischer Erlebnispfad. Man wandert hier praktisch durch ein offenes Buch der Erdgeschichte und kann das besondere Kapitel des Übereinanderschiebens von europäischer und afrikanischer Scholle hautnah erleben.

Die Europahütte auf halber Strecke bietet aussichtsreiche Unterkunft. Wer kürzere Etappen vorzieht, findet auf der Täschalp bereits eine Übernachtungsmöglichkeit. Mehrere Abstiegsrouten unterwegs (Täsch, Herbriggen, Randa) ermöglichen Abkürzungen per Bahn bzw. den Abbruch der Tour.

Bei Anfahrt mit der Metro Alpin zur Sunnegga spart man über eine Stunde Zeit. Das «sonnige Eck» verspricht nicht nur einen gemütlichen Start, sondern ist auch eine fantastische Aussichtsterrasse auf die herrliche Bergwelt und vor allem natürlich auf das Matterhorn. Wer den Wanderweg nimmt, wählt den Weg von Zermatt unter dem Trassee der Gornergratbahn hindurch nach Oberhüseren und weiter über Tiefenmatten (1827 m) nach Tufteren.

Vom Hauptausgang der Bahnstation Sunnegga (2288 m) geht es zunächst links um das Bergrestaurant herum oder auch direkt bei Wahl des unteren Ausgangs durch einen Tunnel nach draussen und rechts hinunter zu einer Wegkreuzung. Dort begibt man sich rechts auf den breiten Fahrweg, der bequem und eben entlang der Waldgrenze zur kleinen Alpsiedlung Tufteren (2215 m) führt. Das Restaurant Tufternalp lädt mit heimeliger Stube und Sonnenterrasse zur Einkehr ein. Auf Höhe des Restaurants verlässt man die Fahrpiste, um schräg nach rechts gegen Nordosten über Alpwiesen leicht aufzusteigen mit Traumblicken zurück zum Matterhorn, bis schon bald die Höhenquote erreicht ist, wo zunehmend das Weisshorn dem Matterhorn die Schau streitig macht.

Erfrischung im Täschbach vis-à-vis des Weisshorns.

Bei Punkt 2340 bieten sich zwei Möglichkeiten: Entweder mit mehr Abstieg nach links um ein felsiges Eck, über Galen zu Lawinenverbauungen, dann unter dem Felsriegel der Unter Sattla flach ins Täschtal. Oder anspruchsvoller mit kräftiger Höhendifferenz recht ausgesetzt in der Direttissima auf den grossartigen Aussichtspunkt der Ober Sattla (2686 m) mit umfassendem Panorama mit von Südosten nach Nordosten Monte Rosa, Breithorn, Matterhorn, Obergabelhorn, Wellenkuppe, Zinalrothorn, Schalihorn, Weisshorn, Bishorn und Brunegghorn, über der Täschalp dann das Täsch-

Die Bergstation Sunnegga ist der bequemste Startpunkt des Matterhorntreks.

Rustikale Berghütten bieten heimelige Rast auf dem Weg hoch über dem Mattertal.

horn, links dahinter der Gipfelaufbau des Doms, rechts der breite Alphubel. In Serpentinen zieht der Pfad steil zur Täschalp hinunter, Rimpfischhorn und Allalinhorn vor Augen. Am Täschbach vereinen sich beide Routen, jenseits liegen die verstreuten Alphütten von Ottavan (2214 m). Hübsch ist die Bergkapelle, die 1922 nach einer Lawine neu aufgebaut wurde.

Von Ottavan folgt man dem Strässchen Richtung Täsch nur das kurze Stück bis zum Rotbach hinunter. Nach der Brücke geht es rechts auf den Höhenweg, der aus der Talfurche hinaus wieder ins Mattertal führt. Dabei quert man die mit felsigen Partien durchsetzte rechte Täschtalseite zu Punkt 2095, wo der Pfad in ein Waldstück eintaucht. Nach kurzem Abstieg folgt der gewaltige Schuttkegel von Bränd im Täschgufer, der durch Steinschlagverbauungen, Galerien und mehrere Tunnel gefahrlos überwunden wird. Es folgt ein kräftiger Anstieg durch Blockfeldgelände, das sich im Lauf der Jahre in einen wildromantischen Felsengarten mit knorrigen Lärchen verwandelt hat. Wird der Weg wieder flach, ist Springbode (2230 m) erreicht. Hier öffnet sich der Blick auf das Zinalrothorn. Über einen in den Fels gehauenen und bestens gesicherten Pfad läuft man nun in ausladendem Bogen, im August gesäumt von Edelweiss, durch den eindrücklichen Kessel des Wildikin (2220 m). Der lange Tunnel am Ende des Grabens ist mit Solarzellen ausgestattet, die den dunklen Gang mit Licht versorgen; der Schalter ist am Eingang. Der Höhenweg senkt sich hinab zur Waldgrenze und dieser entlang an zwei Abstiegsmöglichkeiten nach Randa vorbei (je 1¼ Std.) bis Grüengarten. Etwas unterhalb folgt die heikelste Stelle des Europawegs, die von Steinschlag und Murgängen gezeichnet ist. Diese Gefahrenstrecke sollte zügig und mit wachsamen Augen passiert werden. Das erste Stück wird durch einen langen Tunnel gemeistert, auch dieser ist mit Licht ausgestattet. Danach geht es durch das Dorfbachtobel, dann drahtseilgesichert unter einer Felswand mit Wasserfall hindurch, und schon hat man wieder stabileres Gelände unter den Füssen.

Die Tiefblicke in den Talboden von Randa sind atemberaubend. Darüber türmt sich das Weisshorn. Die Abzweigung zur Domhütte lässt man rechts liegen, und bald taucht die Europahütte (2220 m) auf dem Lärchberg auf. Der Name verrät es, das geräumige Holzhaus schmiegt sich idyllisch in einen lichten Lärchenhain.

Das Wunder der Alpenflora

Wer die Botanik aufmerksam betrachtet, stellt fest, dass sich beim Aufstieg in den Bergregionen die Zeit scheinbar zurückdreht. Blumen, die in den Bergtälern bereits verblüht sind, zeigen auf 1000 Metern noch ihre ganze Blütenpracht.

Je höher man steigt, desto stärker verändert sich die Vegetation. Der Bergwald, je nach Region aus Buchen, Tannen oder Föhren, wird langsam zu einem subalpinen Wald aus Arven, Bergkiefern oder Lärchen. Die Lärche ist der einzige Nadelbaum, der seine Nadeln im Herbst verliert. Doch bevor er sein Kleid ablegt, färbt es sich leuchtend golden, was den besonderen Reiz einer Herbstwan-

Im Bergfrühling (Juni/Juli) zeigt sich die Täschalp in prächtiger Alpenflora.

derung ausmacht. Die Lärche gedeiht vor allem an Südhängen der Hochgebirgszonen, den sogenannten trockenen Alpen. Die lichten Zweige lassen das Sonnenlicht durch, so dass unter den Bäumen Gras wächst, ein weiterer besonderer Reiz der Lärche.

Allmählich verschwinden die Blumen des Flachlands und machen den Orophyten, also den Bergpflanzen, Platz. Einige, wie das orangerote Habichtskraut oder die Purpurdistel, sind im ganzen Alpengebiet zu finden, andere sind auf gewisse Regionen beschränkt. Unter Alpenflora ver-

1. Etappe

Zermatt–Sunnegga–Täschalp–Europahütte

Routencharakter
Höhenweg in grandioser Kulisse mit viel Matterhorn-Blick.

Schwierigkeit
T 4. Bis zur Täschalp technisch nur mässig schwierig, wenn man den unteren Höhenweg (Unter Sattla) wählt. Während sich dieser erste Abschnitt als Genussstrecke darbietet, zeigt sich die Fortsetzung spektakulär, exponiert und wildromantisch und bedarf guter Trittsicherheit. Ein paar heikle Passagen müssen gemeistert werden, da der Weg durch Erdrutsche oder Murgänge, aber auch durch Steinschlag immer wieder in Mitleidenschaft gezogen wird. Diese sind als sogenannte Gefahrenstrecken ausgewiesen und sollten stets zügig und mit wachsamem Auge durchschritten werden.

Gehzeiten
Gesamtzeit: 6–7 Std., mit Seilbahnbenutzung Sunnegga: 5–6 Std.
Zermatt (1616 m)–Sunnegga (2288 m): 1½ Std.
Sunnegga–Täschalp (2214 m): 2½ Std.
Täschalp–Europahütte (2240 m): 3 Std.

Höhendifferenz
822 m im Aufstieg, 289 m im Abstieg. Mit Seilbahnbenutzung zur Sunnegga: 500 m im Aufstieg, 200 m im Abstieg.

Abkürzung
Metro Alpin (unterirdische Standseilbahn) zur Sunnegga, Ende Mai bis Mitte Oktober, 8–17.20 Uhr, Juli/August bis 18 Uhr.

Einkehr
Restaurant Sunnegga (2288 m), Juni bis Mitte Oktober, sehr begrenzt auch Übernachtungsmöglichkeit (1 Dreierzimmer, 1 Doppelzimmer), Telefon +41 (0)27 967 25 53.

Die Europahütte.

Restaurant Tufternalp (2215 m), Juni bis Mitte Oktober, Telefon +41 (0)27 967 54 95.

Unterkünfte
Restaurant Täschalp, Ottavan (2214 m), Juni bis Mitte Oktober, Telefon +41 (0)27 967 23 01.
Europahütte (2240 m), Mitte Juni bis Mitte Oktober, Telefon +41 (0)27 967 82 47.

Hüttenabstecher
Täschalp–Täschhütte (2701 m, Ende Juni bis Ende September, Telefon +41 [0]27 967 39 13): 1½ Std. Die Täschhütte bietet eine einzigartige Aussicht zum Weisshorn, weshalb eine Übernachtung auch ohne weitere alpinistische Ambitionen lohnend ist. Die meisten Alpinisten starten von hier zum Alphubel oder über den Allalinpass zur Britanniahütte. Von der Bergkapelle Ottavan nach links ist die Hütte auf einem Fahrweg leicht erreichbar.
Wildikin–Kinhütte (2584 m, Ende Juni bis Ende September, Telefon +41 [0]27 967 86 18): 50 Min. In den Steilfelsen über dem tief eingeschnittenen Bachgraben des Wildikin klebt die Kinhütte, die vom Europaweg über den Edelweissweg zugänglich ist. In der Tat blüht im August ausgesprochen viel Edelweiss am Wegrand.

steht man im Allgemeinen Pflanzen, die oberhalb der Baumgrenze (auf etwa 2200 m) gedeihen. Allerdings hat der Eingriff des Menschen viele der natürlichen Gegebenheiten verändert, zum Beispiel die Waldgrenze durch die Schaffung von Weiden oft künstlich abgesenkt. In jüngster Zeit bringt der Treibhauseffekt den Vegetationshaushalt durcheinander, indem sich die Klimazonen im Gebirge nach oben verschieben.

Hochgebirgspflanzen sind wahre Überlebenskünstler. Sie sind von niedrigem Wuchs, und die Zweige kleiner Sträucher kriechen am Boden, so dass sie heftigen Bergwinden kaum Angriffsfläche bieten und zudem von der Speicherwärme des Bodens profitieren. Andere wiederum bilden flache Rosetten und Polster, deren dichtes Blätterdach wie ein Treibhaus Wärme und Feuchtigkeit speichert. So schotten sie sich gegen die Kälte ab. Man muss nur einmal, wenn man bei tiefen Temperaturen im Gebirge unterwegs ist, seine Hand auf ein solches Pflanzenkissen legen, und man wird feststellen, dass es Wärme abstrahlt. Die kleinen Blätter und die Stengel sind oft mit einer ledrigen Haut oder dichter Behaarung vor Sonneneinstrahlung und Wasserverlust geschützt, wie beispielsweise die der Küchenschelle oder Frühlingsanemone. So schmächtig das Grünzeug der Überlebenskünstler ist, umso grösser und aufsehenerregender sind ihre Blüten. In der kurzen Sommerzeit sind viele Bergpflänzchen mit einer Fülle von leuchtenden Blüten bedeckt, was durch die intensive Lichteinstrahlung mit hohem Ultraviolettanteil bedingt ist. Wohl keine Blume aus dem Tal kann es mit dem Blau des Enzians aufnehmen, ebenso wenig mit dem Purpur des Alpensüssklees (Hedysanum hedysaroides) oder dem Rosarot der Alpenrose.

Dass sich in den Bergen die unterschiedlichsten Klimazonen und Böden dicht zusammendrängen, spiegelt sich in einer ungeheur vielfältigen Pflanzenwelt wider. Manche Pflanzen gedeihen nur auf kalkhaltigem, andere nur auf silikatreichem

Boden. Oder sie müssen sich mit der Temperatur herumschlagen, die pro hundert Höhenmeter etwa um ein halbes Grad sinkt. Ein halbes Grad weniger heisst eine um eine Woche kürzere Pflanzenwuchszeit. Während die Wachstumszeit auf 500 Meter Höhe ungefähr 210 Tage beträgt, haben die Pflanzen in alpiner Höhe kaum zwei Monate Zeit, um ihren Entwicklungszyklus durchzumachen. Manche Pflanzen haben gelernt, ihre Vegetationszeit zu verlängern, indem sie unter der Schneedecke weiterleben. Dieser sagenhafte Deckmantel schützt sie vor Frost, lässt aber das Licht durch.

Wer hätte das gedacht? Tatsächlich stammt ein Grossteil der vielfältigen Alpenflora aus anderen Regionen, zum Beispiel aus dem Flachland und den Mittelgebirgen wie die Flockenblume, aus dem Mittelmeerraum wie Nelken und Narzissen, aus Asien wie Edelweiss und Primeln, ja sogar aus der Arktis wie Hahnenfuss und Island-Mohn. Auch einige einheimische Pflanzen haben die Eiszeit überlebt wie Akelei und Baldrian.

Eine Bergpflanze ist wie ein kleines Wunder. In einer Zeit, wo der Mensch seine Umwelt immer stärker belastet, müssen sensible Pflanzengattungen unter Naturschutz gestellt werden, damit sie nicht durch Pflücken noch mehr bedroht werden: Alpen-Anemone (Anemona alpina, Mai bis Juli), Alpen-Mannstreu (Eryngium alpinum, Juli/August), Edelweiss (Leontopodium alpinum, Juli bis September), Stengelloser Enzian (Gentiana acaulis, Mai bis August), Feuerlilie (Lilium bulbiferum, Juni/Juli), Türkenbund (Lilium martagon, Juni bis August), Rosarote Alpenrose (Rhododendron ferrugineum, Juli/August). In vielen Bergbahnstationen, Hütten oder Bergrestaurants hängen Plakate, auf denen die geschützten Bergpflanzen abgebildet sind.

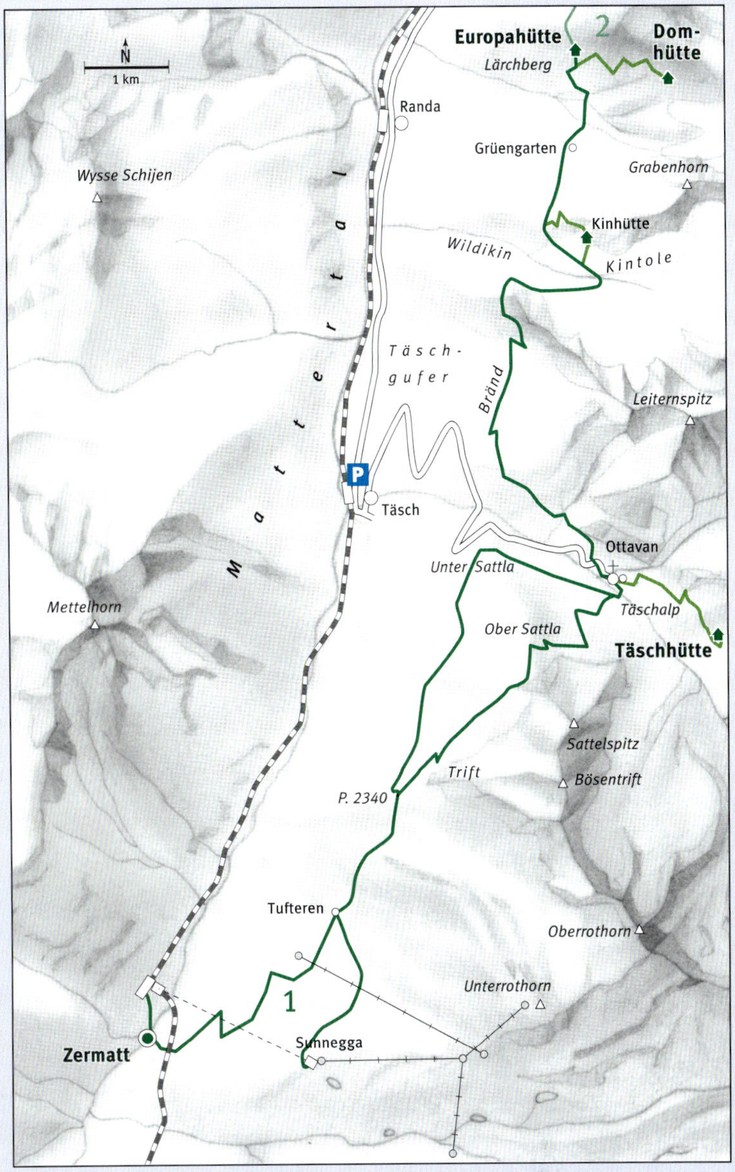

Europahütte (2220 m)–*Domhütte* (2940 m, Mitte Juli bis August, sonst Selbstversorger- und Winterraum, Telefon +41 [0]27 967 26 34): 2½ Std.
Einen ganz besonderen Logenplatz bietet die Domhütte, erreichbar über einen spannenden, klettersteigähnlichen Hüttenzustieg. Originell in Form eines Bergkristalls gebaut, klebt das Steinhaus über den Steilflanken am Fuss des Festigletschers. Besonderer Augenschmaus im Gipfelmeer ist das Weisshorn mit seinen vergletscherten Flanken. Der Blick wandert weiter über das Zinalrothorn bis in den Talkessel von Zermatt und zum Matterhorn. Faszinierende Nahblicke bieten sich auf den Séracbruch des Festigletschers. Die meisten Übernachtungsgäste haben natürlich mehr im Sinn. Eine Besteigung des Doms, mit 4545 m der höchste Berg der Schweiz und Teil des gewaltigen Gratkamms der Mischabelgruppe, ist allerdings alpin Erfahrenen mit Gletscherausrüstung vorbehalten.

Information
www.europaweg.com

Karte
Landeskarte 1:50 000, 284 T Mischabel (mit rot eingezeichneten Wanderwegen; in den Landeskarten 1:25 000, 1348 Zermatt, 1328 Randa, ist der Europaweg nicht durchgehend eingezeichnet)

2. Etappe

Von der Europahütte nach St. Niklaus

Der zweite Teil des Europawegs setzt sich in spektakulärer Wegführung fort. Die Berge türmen sich zum Greifen nah in beeindruckender Mächtigkeit, dass die Augen sich kaum losreissen wollen. Doch empfiehlt es sich, zum Schauen und Staunen lieber anzuhalten, denn der anspruchsvolle Höhenweg verlangt die ganze Aufmerksamkeit.

Von der Europahütte folgt man dem Höhenweg nach Norden in leichtem Aufstieg zum Miesboden (2321 m), einem kleinen Aussichtsplateau mit Picknickplatz. Hier ergibt sich ein eindrücklicher Tiefblick auf den Bergsturz von Randa, der 1991 mit dreissig Millionen Kubikmeter Fels und Schutt Bahnlinie und Strasse zerstörte. Vom Miesboden geht es flach in den Graben des Hohbergtals, über dem eindrücklich der Hohberggletscher über geschliffenen Fels lappt. Dank einer aufwendigen Hängebrückenkonstruktion wird eine Gefahrenstrecke relativ leicht überwunden. In grossem Bogen durchschreitet man das ganze Tal, um sich kurz darauf den nächsten Geländeeinschnitt vorzunehmen, den diesmal der Geisstriftbach gegraben hat. Ist auch dieser Graben durchschritten, gelangt man auf einen Sporn, von dem sich gegen Südosten das weisse Gipfelhaupt des Doms erspähen lässt. Das Matterhorn im Süden, das mitt-

lerweile zu einer kleinen Zipfelmütze geschrumpft ist, zeigt sich nur noch verschämt hinter dem Metelhorn.

Kurze Zeit später wird der breite Rücken des Galenbergs (2600 m) erstiegen und etwa 90 Meter höher der höchste Punkt des Europawegs erreicht. Dom- und Matterhorn-Blick sind verschwunden. Dafür nimmt einen jetzt das Felsenchaos des Grossen Grabens in Anspruch. Der Weg durch die aufgetürmten Blöcke ist ausgezeichnet markiert, an jedem Bruchstück scheint die weiss-rote Markierung angebracht. Bei schönem Wetter wirkt das übertrieben, bei Nebel ist man dankbar für jedes menschliche Zeichen. Eine bedachte Trittwahl ist auf diesem Abschnitt sehr wichtig, denn die Blockfelder sind mitunter recht instabil. Hat man die Matten des Mittelbergs unter den Füssen, geht es wieder ganz leicht, und im Abstieg ist schnell der Grat (2400 m) erreicht. Die aussichtsreiche Wiesenterrasse, geschmückt mit der Statue des heiligen Bernhard, Schutzpatron der Bergsteiger und Alpenbewohner, ist ein beliebter Picknickplatz. Die Aussicht auf das Rhonetal, über dem die stolze Pyramide des Bietschhorns ins Auge sticht, sogar der Aletschgletscher ist gut sichtbar, vor allem aber der Blick auf das Barr- und Brunegghorn sind unver-

Lärchen im Herbstkleid.

Herrliche Suonenwege ziehen sich nach Grächen.

schämt gut. Scheint einem die Sonne noch warm auf den Pelz, könnte man sich glatt zu einem Nickerchen hinreissen lassen. Aber es wartet noch ein gewaltiger Abstieg, falls man sich für St. Niklaus als Etappenziel entschieden hat. Die leichtere Alternative wäre Grächen, das Dorf, das sich nördlich unter dem Abbruch des Grathorns auf einer ausladenden Sonnenterrasse ausbreitet.

Vom Grat folgt man den Pfadspuren westlich abwärts, dann wenig später gegen Osten durch die sanfte Mulde zwischen Grat und Grathorn. Dahinter wird es kniemörderisch steil. Der Pfad zieht sich durch exponiertes Gelände mit zunehmend dichter werdendem Nadelwald in das Tal des Riedgletschers hinunter. Bei Punkt 1997 kommt von rechts der Hüttenweg der Bordierhütte, nach links steigt man nach Schallbettu ab. Lohnend ist allerdings auch der nach Punkt 1997 nach rechts abzweigende Pfad. Auf diesem durchwandert man einen landschaftlich reizvollen Talkessel, in dem sich zarte Lärchen in rauher Moränenlandschaft behaupten und die Gletscherzunge des Riedgletschers weit zurückgezogen glitzert. Nach der Brücke am sogenannten Gletschertor (2030 m) geht es links über dem Graben des Riedbachs weiter. Der erste Abzweiger nach links führt in steilen Serpentinen zur Kapelle von Schallbettu (1685 m) hinunter. Oder man folgt einer der abzweigenden Wasserleitungen, die in sanftem Gefälle den Riederwald queren und wildromantisch nach Grächen leiten: die Eggeri (1820 m), die Chilcheri (1790 m) und die Bineri (1690 m). Letztere ist auch leicht zugänglich, wenn man sich bei Punkt 1997 für den direkten Abstieg entschieden hat. An der Wegkreuzung vor der Kapelle von Schallbettu steigt man dann kurz zu der Suone auf. Sie quert oberhalb von Gasenried und Chäschermatte zur Talstation der Seetalhorn-Bahn, von wo man links zum Dorfplatz von Grächen (1619 m) gelangt.

Eine Kuriosität unterwegs: Im Wald des Riedbachs fallen gigantische Ameisenhügel auf, die eine Höhe von über drei Metern erreichen können und von einer besonderen Ameisenart gebaut werden.

Ist der Etappenort St. Niklaus oder die Alp Jungen, folgt man dem Teersträsschen von Schallbettu in den hübschen Weiler von Gasenried (1659 m). Hinter dem Hotel Alpenrösli zweigt links der Wanderweg nach St. Niklaus ab. Zunächst geht es steil über Wiesen westwärts hinunter, dann knickt die Route nach Süden ab, überquert den Riedbach und zieht, die Fahrstrasse von Tennjen abkürzend, in den Talgrund von St. Niklaus.

Grächen

Grächens Lage ist privilegiert: eine ausladende Sonnenterrasse und viel Aussicht, bequeme Wanderwege und wenig Rummel, was den Ort für Familien besonders anziehend macht. Grächen wird erstmals 1295 als «de Grangis» urkundlich erwähnt. Dieser Name lässt sich auf das lateinische granica zurückführen, was sich mit «Kornspeicher» übersetzen lässt. Solche Speicher prägen bis heute das hübsche Dorfbild.

Es ist noch gar nicht so lange her, dass Grächen durch eine Strasse mit dem Rest der Welt verbunden wurde. Bis in die fünfziger Jahre be-

sorgten die Säumer den Warentransport, beluden ihre Maultiere an der Eisenbahnstation in Kalpetran und stiegen unermüdlich immer wieder die steilen Flanken des Mattertals hinauf. Durch seine abgeschiedene Lage litt Grächen unter zunehmender Abwanderung, und man setzte grosse Hoffnungen auf den Bau einer Strasse. Erst nach zähen Verhandlungen und Abstimmungen konnte sie 1954 fertiggestellt werden und brachte die Einwohnerzahl tatsächlich wieder zum Hochschnellen. Die Säumer verschwanden aus dem Dorfbild, dafür kamen und kommen die Touristen und nutzen vielleicht den alten Saumpfad in nostalgischer Erinnerung. Von grösseren Bausünden ist das mittlerweile stattliche Dorf verschont geblieben. Man setzt auf Tradition und sanften Tourismus. So wurde oberhalb des Grächenersees ein öffentlicher Kneippgarten (der grösste der Schweiz!) eingerichtet, der neben drei Wassertretanlagen auch einen Kräutergarten zu bieten hat.

Kneippen

Die Gesundheitslehre des Kneippens wurde von Pfarrer Sebastian Kneipp im 19. Jahrhundert etabliert. Sein Leiden an Lungentuberkulose galt als unheilbar, und so entwickelte er aus der Idee heraus, sich selbst zu behandeln, eine Wasserkur, die ihm Linderung brachte. Durch zahlreiche Experimente arbeitete er das Kneipp-Heilverfahren aus, das dem Kranken hilft und den Gesunden vor Krankheit schützt. Dieses setzt sich aus fünf Säulen zusammen, die allesamt den Stoffwechsel, den Kreislauf und die Abwehrkräfte fördern und stabilisieren. Das Wassertreten, bei dem man wie ein Storch durch ein kaltes Becken waten muss, wirkt über die Haut auf das gesamte Nervensystem. Die Ernährung sollte aus naturbelassenen und frischen Lebensmitteln bestehen. Die dritte Säule gilt der Bewegung. Bewegungsmangel macht krank, die Muskeln schlaffen ab, Schlacken bleiben im Körper. Kneipps Empfehlung: Regelmässiges Ausdauertraining, Spaziergänge, Wandern und Gymnastik. Weiter empfiehlt er die Verwendung von Heilkräutern, sowohl äusserlich wie innerlich, und eine harmonische Lebensweise, bei der sich Aktivität mit Ruhephasen abwechselt.

Wasserleitungen

Das Wallis ist für seine Regenarmut bekannt. Mit Niederschlagsmengen von 500 bis 600 Millimeter pro Jahr zählt es zu den trockensten Regionen der Schweiz. Der in höheren Lagen als Schnee fallende Niederschlag sammelt sich in Gebirgsmulden und nährt die Gletscher. Das Schmelzwasser aber

Die Aussichtsterrasse von Grächen. Steil geht es von hier nach St. Niklaus hinunter.

rauscht in Bächen zu Tal, ohne die Flächen und Terrassen der Talhänge zu erreichen. Und so musste man auch auf dem weiten, der Sonne ausgesetzten Hochplateau von Grächen ein ganzes Netz an Wasserleitungen anlegen, um die Wiesen und Felder hinreichend bewässern zu können. Im Oberwallis werden diese Bewässerungskanäle Suonen, Wasserleiten oder auch Wasserfuhren genannt, im Unterwallis als Bisses bezeichnet.

Zu den damaligen Zeiten waren ihr Bau und Unterhalt eine mühsame Angelegenheit. Um das Wasser von den Gletscherbächen an den gewünschten Zielort zu bringen, mussten meist über weite Distanzen Gräben ausgehoben und verwegene Konstruktionen durch exponiertes Gelände und mitunter senkrechten Fels errichtet werden. Ein Weglein daneben erleichterte die Arbeit des Wasserhüters oder Sanders, der regelmässig die Kanäle abschreiten und kleinere Reparaturarbeiten durchführen musste. Heute werden diese Pfade mit ihrem geringen Gefälle als bequeme und wildromantische Wanderrouten geschätzt. Wegen des hohen Wasserverlusts, dem besonders die luftigen Abschnitte unterlagen, sind im Zuge des Fortschritts immer mehr Passagen in Tunnel oder Rohre verlegt worden. Auch die Wasserhämmer, die das Funktionieren des Wasserlaufs anzeigten, sind grösstenteils verklungen. (Buchtipp: Jakob Christoph Heer: An heiligen Wassern, Cotta Verlag.)

Grächen wird von vier Wasserleitungen versorgt, die den Riedbach anzapfen: die Eggeri, die Chilcheri, die Drieri und die Bineri. Wann genau mit dem Bau von Wasserleitungen begonnen wurde, liegt im Dunkeln. Dokumente belegen, dass zu Beginn des 16. Jahrhunderts künstliche Wasserwege bereits bestanden haben. Diese wurden immer wieder vom Riedgletscher bedroht. Daraus

Kurz vor dem Galenberg spitzelt der Dom hervor.

Die Sankt-Bernhard-Statue auf dem Grat ist ein beliebter Picknickplatz.

entstand die Verpflichtung, jährlich eine bestimmte Menge an Almosen zu entrichten und an der St.-Joder-Prozession zum Riedgletscher sowie an der Messe in der Theodulskapelle in Schallbettu teilzunehmen, die auch heute noch am ersten Septembersonntag stattfinden.

Sagen

Tradition in Grächen hatte früher der «Abusitz», bei dem man an langen Winterabenden in lockerer Runde zusammensass und sich Geschichten erzählte. Reinhard Walter hat diese in den achtziger Jahren zusammengetragen, um sie in seinem Werk «Sagen und Volkserzählungen» der Nachwelt zu erhalten. Dass das Wohl der Menschen von den Wasserleitungen abhing, macht folgende Erzählung deutlich:

«Im letzten Jahrhundert stiess der Riedgletscher wieder einmal vor und drückte die Fassungen der Eggeri und der Chilcheri weg, so dass man sie nicht mehr benützen konnte. Im Frühjahr 1862 ersuchten die Grächner, den Gletscher anbohren zu dürfen, um wenigstens für die Chilcheri Wasser zu bekommen. Wie immer beteten sie am Morgen zuerst die Fünf Wunden, bevor sie mit der Arbeit begannen. Ambros Schnidrig sagte dann: ‹Habt nur Mut, bis am Abend haben wir wieder Wasser!› Sie begannen dann, ein Loch in den Gletscher zu hacken, um Wasser zu bekommen. Im Lauf des Vormittags brach plötzlich ein grosser Eisbrocken ab und traf den Ambros so unglücklich, dass er bewusstlos war. Sie verfertigten schnell aus einigen dicken Ästen eine Tragbahre und brachten ihn hinunter nach Ried. Aber jede Hilfe kam zu spät, er starb. Einige Tage später bekamen sie endlich Wasser für die Chilcheri. Auch die Genossenschafter der Eggeri mussten sich lange abmühen, bis sie wieder wässern konnten. Der Benjamin Andenmatten wusste zu berichten, dass sein Vater am ersten Tag, als man im Bärgji wieder wässern konnte, vor Freude in einem Holzgefäss Gletscherwasser zurück nach Bina brachte, um den Leuten zu zeigen, dass die Eggeri nach Jahren endlich wieder Wasser führe.»

Information
Grächen Tourismus, Dorfplatz, 3925 Grächen, Telefon +41 (0)27 955 60 60, Fax (0)27 955 60 66, info@graechen.ch, www.graechen.ch.

Öffentliche Verkehrsmittel
Busverbindung nach St. Niklaus.

Museum
Im Themenrestaurant T.Rex.ch befindet sich die grösste private Tiersammlung der Schweiz, Telefon +41 (0)78 600 10 06, geöffnet täglich 13 bis 20 Uhr, im Sommer Montag geschlossen.

Unterkünfte
Hotels in verschiedenen Kategorien, z.B.
Hotel Garni Abendruh, Telefon +41 (0)27 956 11 16;
Hotel Alpha, Telefon +41 (0)27 956 13 01;
Hotel Alpina, Telefon +41 (0)27 956 26 26;
Hotel Bellevue, Telefon +41 (0)27 956 33 30;
Hotel Eden, Telefon +41 (0)27 956 26 66;
Hotel Sonne, Telefon +41 (0)27 956 11 07;
Walliserhof, Telefon +41 (0)27 956 11 22;
Pension Walliserkanne, Telefon +41 (0)27 956 26 22;
Hotel Zum See, Telefon +41 (0)27 956 24 24, am Grächenersee sowie am grössten Kneippgarten der Schweiz gelegen.

St. Niklaus

St. Niklaus liegt an einer besonders engen Stelle des Mattertals, das früher, als St. Niklaus noch Hauptort war, Nikolaital hiess; später wurde es dann aber als Hauptort von Zermatt abgelöst. Seine Geschichte ist geprägt von Bergstürzen und Lawinen. Die jährlichen Prozessionen zum heiligen Joder in

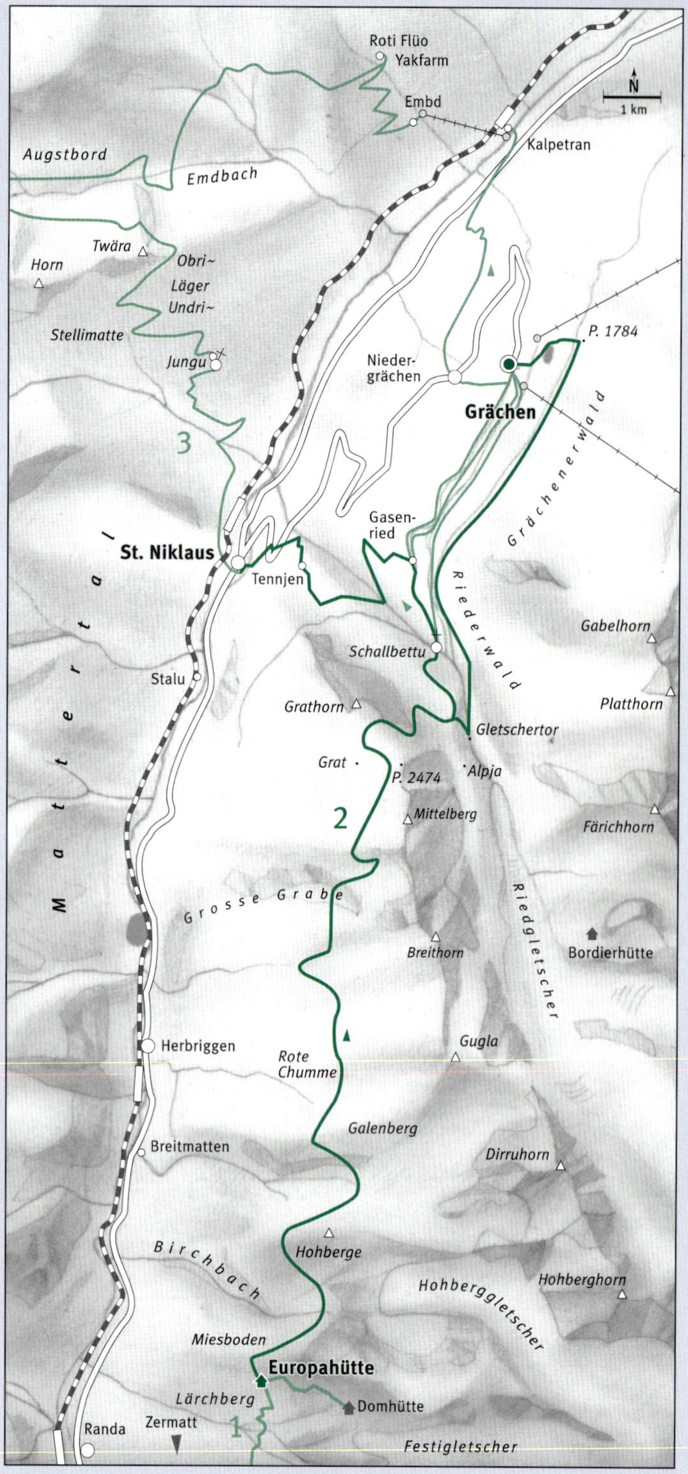

Schalbetten und zum heiligen Jakob in Schwiedernen erinnern daran. Vor allem auch das Gotteshaus mit dem prächtigen, aus dem 17. Jahrhundert stammenden Kirchturm wurde immer wieder zerstört. Eine alte Legende berichtet, weshalb es direkt an einer steinschlaggefährdeten Stelle erbaut worden war: Als man im Talboden mit dem Bau der Kirche begann, wurden die Werkzeuge über Nacht immer wieder verlegt, und man fand sie stets unter dem Sparrenzug und dem Dorftossen, eben diesem bedrohten Fleck, wo die Kirche heute steht. Die Einwohner sahen dies als Zeichen, ihr Gotteshaus dort bauen zu müssen. Dem Teufel und seinen Gehilfen war die Kirche jedoch ein Dorn im Auge, und gemeinsam versuchten sie das Werk zu zerstören. Den Dorftossen wollten sie lösen und herabstürzen lassen, doch der Riesenfels bewegte sich nicht. Der von oben drückende Teufel schrie wütend dem unten ziehenden Teufel zu: «Choluremi ziich!» («Teufel zieh»; im Wort Choluremi steckt das Wort Kohle). Der andere fauchte zurück: «'s Glasi laht nit!» («der heilige Niklaus lässt es nicht zu»).

Um die Jahrhundertwende entwickelte sich St. Niklaus zu einem Zentrum des aufkommenden Alpinismus. Zahlreiche Bergpioniere aus dem Ort sorgten mit Erstbesteigungen weltweit für Aufsehen, was man sich in einer sehenswerten Dokumentation im Bergführer-Museum zu Gemüte führen kann. Neben dem Grand Hotel gab es weitere florierende Hotels. Auch der legendäre Edward Whymper weilte gelegentlich in St. Niklaus. Später, als der Touristenstrom nach dem Zweiten Weltkrieg ausblieb, zog die Solothurner Firma Scintilla in das leerstehende «Grand Hotel». Mit den Jahren wuchs der florierende Hersteller von Autozubehör ständig und versorgt bis heute St. Niklaus mit wichtigen Arbeitsplätzen. Leider wird das hübsche Bergdorf durch die Fabrikgebäude etwas entstellt.

Übrigens: Eine winterliche Attraktion ist die Verkleidung des Kirchturms in den Schutzpatron, die als «der grösste Nikolaus im tiefsten Tal der Schweiz» vermarktet wird.

Information
Verkehrsverein, 3924 St. Niklaus,
Telefon +41 (0)27 956 36 63, Fax (0)27 956 29 25,
info@st-niklaus.ch, www.st-niklaus.ch.

Öffentliche Verkehrsmittel
Haltestelle der Brig-Visp-Zermatt-Bahn (BVZ), Stundentakt, Bahnhof St. Niklaus Telefon +41 (0)27 921 45 30. Postautoverbindungen nach Grächen und in die umliegenden Dörfer.

Auto
Parkmöglichkeit für eine Woche nördlich der Kirche. Die dafür notwendigen Parkkarten sind im Tourismusbüro zu beziehen (pro Tag ungedeckter Parkplatz Fr. 2.–, gedeckter Parkplatz Fr. 5.–).

Unterkünfte
Hotel Walliserkeller, Telefon +41 (0)27 956 11 60, Fax (0)27 956 29 39; Hotel Edelweiss, Telefon +41 (0)27 956 26 16, Fax (0)27 956 26 11, auch Mehrbettzimmer; Hotel Réserve, Telefon +41 (0)27 955 22 55.

Museum
Im denkmalgeschützten Meierturm, dem ältesten Bauwerk des Dorfes (Ende 13. Jahrhundert erbaut), befindet sich das Bergführer-Museum. Ausserdem sind in dem Gebäude noch ein Mineralien- sowie das Heimatmuseum untergebracht. Geöffnet Mitte Juli bis Mitte September, Dienstag bis Freitag 16–18 Uhr, Telefon +41 (0)27 956 36 63.

Schlechtwettertipp
Hallenbad, Telefon +41 (0)27 956 19 80.

Bergführer
Bureau des Guides, Telefon +41 (0)27 956 20 27.

Eine schwankende Hängebrücke führt über einen Graben im Hohbergtal.

2. Etappe
Europahütte–Galenberg–Gasenried–St. Niklaus

Routencharakter
Das Matterhorn rückt immer mehr in die Ferne, dafür präsentieren sich das Weisshorn und das Bruneggborn zum Greifen nah. Auch Blicke auf den Dom lassen sich ergattern.

Schwierigkeit
T4. Der zweite Teil des Europawegs wartet mit etwas anspruchsvolleren Passagen (Blockfelder, ausgesetzte Felspartien) auf.

Gehzeiten
Gesamtzeit: 5–6 Std.
Europahütte (2240 m)–Galenberg (2600 m): 1¼ Std.
Galenberg–Grat (2400 m): 1¾ Std.
Grat–Gasenried (1659 m): 1¼ Std.
Gasenried–St. Niklaus (1116 m): 1¼ Std.
Schallbettu–Bineri–Grächen: 1¼ Std.

Höhendifferenz
450 m im Aufstieg, 1574 m im Abstieg nach St. Niklaus oder 1071 m im Abstieg nach Grächen.

Einkehr
Restaurant Riederstübli in Gasenried, Telefon +41 (0)27 956 13 04.

Unterkünfte
Hotel Alpenrösli in Gasenried, Telefon +41 (0)27 956 22 42; mehrere Hotels in St. Niklaus.

Karte
Landeskarte 1:50 000, 284 T Mischabel (mit rot eingezeichneten Wanderwegen)

3. Etappe

Von St. Niklaus nach Gruben

Der Übergang vom Mattertal ins Turtmanntal ist von steilen Höhenmetern gezeichnet, denn das Mattertal gilt als das tiefste Tal der Schweiz. Den ersten kräftigen Anstieg zur Alp Jungen könnte man auch mit der Seilbahn abkürzen, doch es wäre schade, den wildromantischen Kapellenweg zu verpassen, über den die Alp mit St. Niklaus verbunden ist. Wer den Matterhorntrek mit einem Besuch der exotischen Yakfarm ob Embd verbinden möchte, dem sei der alte Saumpfad von Niedergrächen nach Kalpetran empfohlen, von wo eine Seilbahn die Wanderer hinaufbefördert.

Als lohnender Abstecher zwischen Mattertal und Turtmanntal empfiehlt sich das Barrhorn – der höchste Wandergipfel Europas.

Südlich unterhalb des Bahnhofs von St. Niklaus folgt man der Strasse durch die Unterführung. Dahinter wahlweise rechts zur Seilbahn oder geradeaus die Treppen hoch und auf dem weiss-rot-weiss markierten Wanderweg zur Alp Jungen. Der als Kapellenweg eingerichtete Pfad windet sich spektakulär und aussichtsreich durch schroffes Felsgelände auf die kleine Wiesenterrasse der Alpsiedlung Jungen, auch Jungu genannt (1955 m). Urchige Steinhäuser und Holzstadel gruppieren sich um eine weisse Kapelle und zaubern eine archaische Atmosphäre voller Stille und Abgeschiedenheit. Dass es

3. Etappe

St. Niklaus–Augstbordpass–Gruben

Routencharakter
Anspruchsvoller Übergang, bei dem im Aufstieg der Blick auf die Mischabelgruppe dominiert, im Abstieg der vergletscherte Talschluss des Turtmanntals begeistert.

Schwierigkeit
T3. Ein gewaltiger, aber landschaftlich enorm abwechslungsreicher Aufstieg. Blockfelder und Schuttpassagen prägen die Route oberhalb der Alp Jungen. Auch der Abstieg ist steil, doch insgesamt auf festerem Untergrund.

Gehzeiten
Gesamtzeit: 7½ Std., mit Seilbahnbenutzung: 5 Std.
St. Niklaus (1127 m)–Alp Jungen (1955 m): 2½ Std.
Alp Jungen–Augstbordpass (2894 m): 3 Std.
Augstbordpass–Gruben/Turtmanntal (1818 m): 2 Std.

Höhendifferenz
1767 m im Aufstieg, 1076 m im Abstieg. Mit Seilbahnbenutzung: 939 m im Aufstieg, 1076 m im Abstieg.

Abkürzung
Die Seilbahn St. Niklaus–Alp Jungen verkürzt die Wanderzeit um 2½ Std. (Telefon +41 [0]27 956 16 98).

Gipfelabstecher
Augstbordpass–Schwarzhorn (3202 m): 1 Std.

Einkehr/Unterkünfte
Alp Jungen: Restaurant Jungerstübli, Telefon +41 (0)27 956 21 01 oder 078/606 25 28, nur Massenlager.
Turtmanntal: Hotel Schwarzhorn in Gruben, geöffnet Juni bis Oktober, Telefon +41 (0)27 932 14 14.
Tipp bei Übernachtung in Grächen, um sich einen etwas ruhigeren Wandertag zu gönnen, oder Wahl des Starts zum Matterhorntrek in St. Niklaus: Am Nachmittag den hübschen Kapellenweg zur idyllischen Alp Jungen aufsteigen und dort mit genialem Ausblick auf die mächtige Mischabelgruppe übernachten.

Variante
Embd/Roti Flüo–Augstbordpass: 4 Std.
Wanderweg von Roti Flüo (1646 m) über Schali, Gartini und Augstbordstafel zur Wegkreuzung bei P. 2528, wo man auf die Route von der Alp Jungen zum Augstbordpass trifft.

Yaktrekking
Daniel Wismer, Yakfarm, 3926 Embd, Telefon/Fax +41 (0)27 952 14 22, info@yaks.ch; www.yaks.ch.
Anreise: Zug von Visp bis Kalpetran, dann Luftseilbahn nach Embd, oder im Zusammenhang des Matterhorntreks zu Fuss von Niedergrächen auf dem alten Saumweg nach Kalpetran: 3 Std.

Karte
Landeskarte der Schweiz, 1:50 000, 274 T Visp (mit rot markierten Wanderwegen), oder 1:25 000, 1308 St. Niklaus

sich beim Mattertal um einen der tiefsten Einschnitte der Alpen handelt, ist von hier sehr eindrücklich sichtbar. Von der Talsohle bei St. Niklaus, die auf 1114 Meter liegt, bis zum 4545 Meter hohen Gipfel des Doms präsentieren sich schwindelnde 3431 Meter Höhendifferenz. Nur etwa 11 Kilometer gegenüber dem Dom baut sich das 4505 Meter hohe Weisshorn an der westlichen Talflanke auf.

Am oberen Ende der Alp Jungen geht es zunächst über eine Weide gegen den Osthang. Sollte Ihnen ein schwarzes «Monster» den Weg versperren, Sie mit glänzenden Äuglein aus einem faltigen Gesicht angriffslustig anstarren, dann ist das ein Prachtexemplar einer Eringerkuh, die als Kampfkühe gehalten werden. Sie werden Ihnen auf dem Matterhorn-Rundweg noch öfter begegnen.

In steilen Serpentinen windet sich der Pfad zur Alp Undri Läger (2255 m) und weiter nach links gegen Westen stetig bergauf. Je mehr man an Höhe gewinnt, umso gewaltiger zeigen sich die Berge im Südosten. Über dem Riedgletscher türmen sich Ulrichshorn, Lenzspitze, Nadelhorn und Dürrenhorn, dahinter Täschhorn und der Dom, alle Hörner der Mischabelgruppe überragend. Atemberaubend! Ob der Name auf seinen überirdischen Glanz oder die Bezeichnung «Deo Optimo Maximo» («Dem höchsten und besten Gott») zurückgeht, Tatsache ist, dass der Domherr Josef Anton Berchtold dem Dom seinen Namen gab, als er zwischen 1829 und 1843 das Wallis durch Triangulation vermass. Seine Erstbesteigung vollbrachten die Bergführer Hieronymus Brantschen, Johann Kronig und Johann Zumtaugwald mit J. L. Davies am 11. September 1858 direkt von Randa aus, ohne die damals noch nicht bestehende Domhütte eine ungeheure Leistung. Vier Jahre später, am 30. Juli 1862, wurde das Täschhorn durch Peter-Josef Summermatter, Johann und Stephan Zumtaugwald sowie Davies und Hayward erobert.

Bei Punkt 2358 wendet man sich in nordöstlicher Richtung nach rechts. Der Steilaufstieg setzt

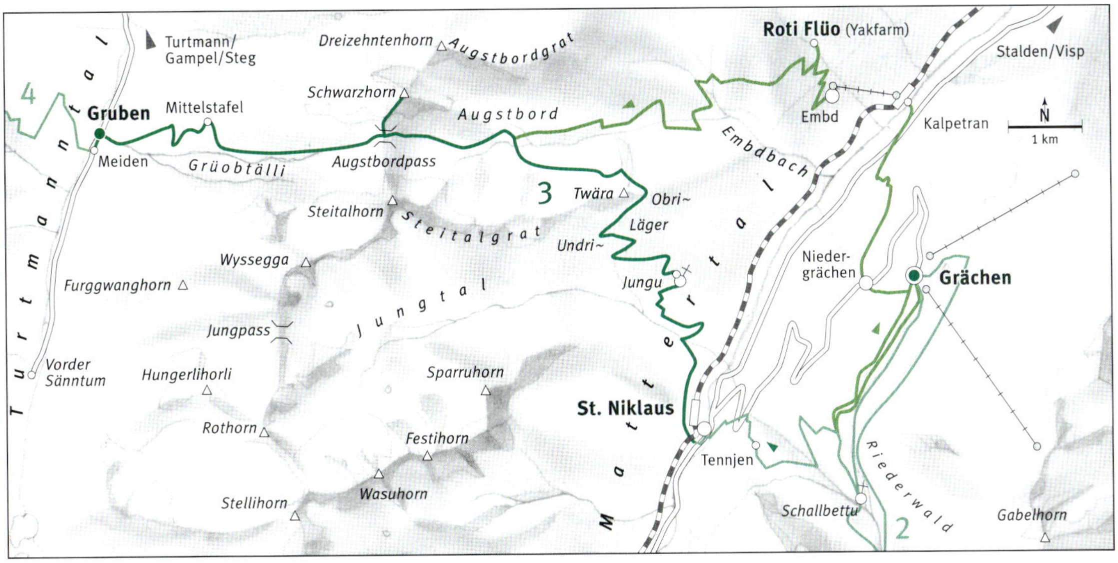

sich nun als fast ebener Steinplattenweg fort, auf dem man wieder Atem schöpfen und die Aussicht im mühelosen Dahinwandern noch besser geniessen kann. Die Route quert die aussichtsreiche Geländekante Untere Twära, zieht dann durch den Nordhang des Steitalgrats ins Augstbordtal und schliesslich gegen Westen flach ins Inners Tälli hinein, wo von rechts der Weg von Embd heraufkommt. Nach endlosen Kehren zum Augstbordpass (2894 m) hinauf öffnen sich wieder neue Traumblicke: die fotogene Pyramide des Weisshorns im Süden, das behäbige Lagginhorn und Fletschhorn im Osten, zu Füssen im Westen die tief eingeschnittene Falte des Turtmanntals.

Gipfelabstecher

Wer noch Kraft in den Muskeln hat, kann vom Augstbordpass in einer guten Dreiviertelstunde den Gipfel des Schwarzhorns (3202 m) erklimmen. Hierzu folgt man den Pfadspuren Richtung Norden. Steil geht es zunächst auf den Südgrat und diesem entlang an den Fuss des Gipfelaufbaus, der über Blockwerk (Achtung, teilweise instabil!) erkraxelt wird. Die Aussicht, vor allem auf das Weisshorn, ist gigantisch. Aber auch Grand Combin und Montblanc sind im Südwesten auszumachen.

Jenseits des Augstbordpasses steigt man durch das Grüobtälli ab. Ein Bächlein sprudelt längs des Weges, Herden putziger Schwarznasenschafe mümmeln am Gras. Im Süden über dem Talschluss tauchen die verschneiten Grate Les Diablons, die kleinen Teufel (die angeblich für den dort häufig auftretenden Steinschlag verantwortlich sind), auf. Der markante Felsturm im Westen unterhalb des Meidpasses ist das Meidhorn – auch das Turtmanntal hat sein Miniatur-Matterhorn. Ab Oberstafel wird es zunehmend steiler. Der Pfad windet sich schliesslich durch herrlichen Lärchenwald in zahlreichen Serpentinen in den Talgrund nach Gruben (1818 m) hinunter. Mit dem nostalgischen Hotel Schwarzhorn ist das Etappenziel erreicht.

Schwarznasenschafe

Die Schwarznasen sind eine Walliser Regionalrasse, die lange vom Aussterben bedroht war, doch dank einigen Liebhabern wieder zu einer Renaissance gefunden hat. Wegen ihrer korkenzieherähnlichen Hörner werden sie auch «Ghornute» genannt. Schwarze Fesseln und Hufe, schwarze Flecken an den Knien, das von weissem Wuschelhaar umrahmte schwarze Gesicht und die

Der Walliser liebstes Hobby: Schwarznasenzucht.

Am Augstbordpass trifft man mitunter auf Yaks (oben).
Hoch über dem Turtmanntal (unten).

schwarzen Ohren machen sie unverwechselbar. Ginge es nach der landwirtschaftlichen Ertragsmaximierung, gäbe es diese Rasse längst nicht mehr, denn die gewöhnlichen weissen Alpenschafe, im Wallis Mutten genannt, sind bessere Futterverwerter und liefern hochwertigeres Fleisch. Doch sie sind von breitem und gedrungenem Körperbau, haben keine Hörner, keine Flecken und kommen aus der Ausserschweiz. Die Schwarznasen hingegen sind echte Walliser, deren Spuren man bis ins 15. Jahrhundert zurückverfolgen kann. Die Pflege der Tradition, vor allem aber Charakter und Schönheit der Schwarznasen haben ihnen das Leben gerettet. Ihre Schwarzweisszeichnung muss allerdings einem genau festgelegten Muster entsprechen, bei Abweichungen wandert das Tier zum Metzger. Höhepunkt für jeden Schwarznasenzüchter ist die Prämierung, bei der es weniger um Geld als um die Ehre und den Stolz geht. Zu diesem Anlass werden die Schafe übrigens gebadet und shampooniert.

Ein Hauch von Himalaya

Am Augstbordpass kann es passieren, dass einem eine Yakkarawane begegnet. Dieser exotische Anblick ist Weltenbummler Daniel Wismer zu verdanken, der sich mit der Züchtung tibetischer Hochlandrinder einen Traum erfüllt hat. Im Sommer bietet er regelmässig Yaktrekkings zum Augstbordpass an. Dabei wird unterhalb des Passes in einer originalgetreuen tibetischen Jurte übernachtet. Ihre neue Heimat haben die Tiere am Fuss des Augstbordtals, auf Roti Flüo oberhalb der kleinen Berggemeinde Embd gefunden, wo sich Daniel Wismer ein ungewöhnliches Refugium geschaffen hat. Schon in Embd – das übrigens als steilstes Dorf der Schweiz gilt, so steil, dass man, wie es scherzhaft heisst, den Hühnern Steigeisen anlegen muss – fällt ein Werbeschild auf, eines von jener Sorte, wie sie sonst nur in Nepal üblich sind: «Yak Tsangling Guest House, 24 hours hot showers, good view of mountains, you can see Yaks». Yak Tsangling, was übersetzt Ort der Yaks heisst, ist nur zu Fuss erreichbar. Den Pfad, der sich in einer halben Stunde zur Yakfarm windet, hat man auch gleich zum Yak-Themenpfad ernannt. Ein Besuch der Roti Flüo ist wie eine Reise in den Himalaya. Um die rustikalen Holzchalets flattern bunte Wimpel im Wind, Gebetsfahnen, wie man sie von den Klöstern in Asien kennt. Aus der Küche plärrt indische Musik. Ein halber Zoo tummelt sich auf dem Anwesen: Perlhühner, Pfauen, Tauben, Hühner, Schweine, in

St. Niklaus.

Über der Sommersiedlung Meiden im Turtmanntal erhebt sich das Meidhorn.

einer Voliere auch ein scheuer nepalesischer Glanzfasan (Nine Couleurs Bird) und natürlich Argun Khan, der tibetische Hirtenhund, der mit seinem Gebell jeden Neuankömmling erschreckt. Die Yaks sind auf den Weiden der Umgebung verstreut und stellen eine echte Mutprobe dar, denn kurz vor Erreichen der Yakfarm muss eine solche Weide überquert werden.

Landwirtschaft wird in Embd nur noch als Nebenerwerb betrieben. Kaum mehr jemand hat heute Lust, mühevoll die exponierten Hänge zu bewirtschaften. Umso argwöhnischer wurde Daniel Wismer, Forstwart aus Zug, betrachtet, als er 1996 das damals vom Verfall bedrohte Anwesen kaufte, renovierte und mit der Aufzucht seiner ungewöhnlichen Tiere begann. Sechs eigenwillige Stiere beleben heute seine auf 40 Yaks angewachsene Herde. Neben dem Verkauf wird auch geschlachtet. Doch ohne die Subventionen und die Einnahmen aus dem Tourismusgeschäft könnte auch er nicht überleben. An die 600 Übernachtungen zählt er pro Jahr, dazu kommen noch die Tagesbesucher. Der Ort der Yaks zieht viele an: Neugierige, Himalaya-Fans, aber auch viele Exil-Tibeter, die ihren Kindern zeigen wollen, wie ein Yak aussieht. Doch die eigentliche Faszination ist das Wandern mit den Yaks, das Daniel und seine Freundin Sonja bereits seit fünf Jahren meist als Wochenendtrekking durchführen. Mit von der Partie ist Chime Kaldhen Sherpa. Der Nepalese springt regelmässig während der Sommermonate als Hilfe ein, denn niemand hat dieselbe Ruhe wie er, und die braucht es, um das Temperament der bulligen Grunzochsen im Griff zu halten. Allein schon das Zusammentreiben und Satteln ist nicht einfach und geht nur mit vereinten Kräften. Sonja hält die gewaltigen Hörner in Zaum, und Chime murmelt beruhigende Worte, während er die Packsättel befestigt. Die Tiere dann auch noch dazu zu bringen, gesittet in einer Reihe bergan zu schreiten, ist eine Kunst, die vor allem Chime beherrscht. Sein rhythmisches Pfeifen während des Marschs lullt ein und versetzt nach Nepal. So massig und schwerfällig Yaks wirken, bewegen sie sich doch ungemein gewandt im Gelände und können, wenn sie wollen, auch sehr schnell sein. Unterhalb des Augstbordpasses wird das Camp errichtet. Über dem offenen Feuer kocht Sonja köstliche Thukpa (Suppe mit Gemüse, Fleisch und Teigstücken), wie man sie im Himalaya nicht besser essen könnte. Man sitzt um die lodernden Flammen, erzählt sich Geschichten, geniesst die herrliche Stimmung, die das letzte Licht den Bergketten verleiht, und fühlt sich in einer anderen Welt.

Das Turtmanntal

Zwischen dem Mattertal und dem Val d'Anniviers eingeklemmt liegt das schwer zugängliche Turtmanntal, das in Sachen touristischer Erschliessung ein Mauerblümchendasein geniesst. Vom Rhonetal aus ist dieses Kleinod nicht sichtbar, und auch die Strasse von Turtmann lässt eine Talzufahrt kaum erahnen. In steilen Haarnadelkurven windet sie sich zunächst an der Südflanke des Rhonetals zu den Dörfern Unter- und Oberems hinauf. Erst dahinter bemerkt man den Schluchteinschnitt, in

Aus der Mischabelgruppe erhebt sich der Dom als höchster ganz auf Schweizer Boden liegender Gipfel.

dem sich das schmale Strässchen durch dichte Wälder schlängelt und den sprudelnden Bach der Turtmänna überquert, um dann in die sonnigen Wiesen üppiger Alpgründe einzutauchen. Das zehn Kilometer lange Turtmanntal ist nicht nur um einiges kürzer als seine Nachbartäler, auch der Talgrund liegt um rund 400 Meter höher. Durch den starken Druck von beiden Seiten wurde er in die Höhe gepresst. Im Tal wird Deutsch gesprochen, doch entlang seiner westlichen Gebirgskette verläuft bereits die Sprachgrenze zum französischsprachigen Unterwallis.

Da es wegen der Lawinengefahr keine Dörfer gibt und die Weiler Gruben und Meiden nur im Sommer besiedelt sind, wurde das Turtmanntal erst um 1950 durch moderne Verkehrsmittel erschlossen. Zunächst baute man eine Seilbahn von Turtmann im Rhonetal nach Oberems, später beim Bau des Staubeckens im Talschluss eine Strasse. Abgesehen davon bietet das Turtmanntal bis heute Natur pur, die das Wild, geschützt durch ein wesentliche Teile des Tals erfassendes eidgenössisches Jagdbanngebiet, noch frei durchstreifen kann. Das Regiment führen jedoch die Kühe. So sind allein 17 Sömmerungsalpen insgesamt 3184 Kuhfüsse, das heisst Weiderechte für 796 Kühe, zugewiesen. Diese Weiderechte sind im Grundbuch eingetragen und können nur durch Erbschaft oder Schenkung, nicht aber durch Kauf übertragen werden. Die Kühe dürfen auf der linken Talseite weiden, die Kälber auf der rechten, Schafe und Ziegen im Talschluss – alles hat seine Ordnung. Der Käse, der im Turtmanntal entsteht, ist wegen der Würze der üppigen Alpenflora begehrt. Auf der Alpe Blumatt werden jährlich rund 5 Tonnen davon produziert. Für Wanderer eine gute Gelegenheit, als Bereicherung ihres Picknicks Käse direkt von der Käserei zu kaufen. Wenn dazu noch das kräftige Walliser Roggenbrot, Tomaten, Oliven und vielleicht noch ein Fläschchen Wein in den Rucksack gepackt wurden, steht dem Genuss nichts mehr im Weg. Verwunschene Plätzchen finden sich unterwegs zuhauf auf weichen Matten, neben leuchtenden Enzianen, Weidenröschen oder Anemonen und dahinter den leuchtenden, schneebepuderten Bergen. Nirgends schmeckt es besser!

Die Walliser sind mal offen und aufgeschlossen, dann wieder enorme Dickköpfe. Im Turtmanntal drückt sich Letzteres in einem bereits seit 1612 andauernden Streit um den Grundbesitz zwischen Oberems und Turtmann aus. Wem gehört das Tal, wem gehören die Einnahmen? 1922 sprach der Staatsrat ein Machtwort. Das Wasserzinsgeld wird so lange auf ein Sperrkonto fliessen, bis der

Der Brunegggletscher oberhalb der Turtmannhütte (unten) verzaubert mit eisigen Szenerien.

Streit beigelegt ist. Mittlerweile sind das 7 Millionen. Der Versuch des Staatsrats im Jahr 2002, den Streit zu schlichten, indem die Geldeinnahmen je zur Hälfte an die beiden Gemeinden verteilt werden, schlug zumindest bei den Oberemsern auf taube Ohren. Die kassieren immerhin, seit ihnen 1922 provisorisch die Verwaltungs- und Steuerhoheit zugesprochen wurde, sämtliche Taxen, Gebühren und Steuern, ohne Unterstützung für die einzelnen Alpen, die bisher für ihre Infrastrukturen nicht nur selbst aufkommen, sondern sie auch aus eigener Tasche bezahlen mussten. Will Oberems womöglich den ganzen Batzen an Wasserzinsgeld für sich einkassieren? Und wenn das nicht geht, wird eben jeder andere Vorschlag abgelehnt? Der Fall liegt nun beim Kantonsgericht und wird vielleicht noch weitere Jahrzehnte die Gemüter erhitzen.

Den Wanderer hingegen erhitzt etwas ganz anderes. Von den Dörfern Ergisch, Ober- und Unterems an den Südhängen des Rhonetals lässt sich der vordere Talabschnitt auf abenteuerlichen Suonenwegen und Themenpfaden erkunden. Während der Wolfs- und der Bärenpfad auf den Raubtierreichtum der Vergangenheit aufmerksam machen, liefert der Adlerpfad die Möglichkeit, den König der Lüfte «live» zu beobachten, denn die Route erlaubt den Blick auf zwei Steinadlerhorste. Hinzu kommen noch ein Froschpfad und ein Dachspfad.

Doch der eigentliche Höhepunkt ist der Talschluss. Hier türmen sich als beeindruckende Gebirgskolosse mit mächtigen Gletscherflanken Bishorn und Brunegghorn auf. Gleissende Gletscherzungen fliessen von ihnen herab, stürzen sich in den Talgrund oder haben das zumindest noch vor wenigen Jahrzehnten getan. Doch auch trotz dem rapiden Abschmelzen der Gletscher ist ihr Anblick immer noch gewaltig, und mitunter kann man das Krachen einbrechender Schründe vernehmen. Aufregender könnte man sich keinen Standplatz für eine Hütte aussuchen.

Die Turtmannhütte

Bereits 1828 erbaute die SAC-Sektion Prévôtoise des Kantons Bern nur knapp unter den wild zerrissenen Seracs auf einem Felssporn in sensationeller Aussichtslage die Turtmannhütte. Ein Segen für die Bergsteiger auf den schon damals viel begangenen Routen am Bishorn und am Brunegghorn. Seit der Jahrhundertwende hatte es dort nur das Hotel Schwarzhorn in Gruben im Talgrund gegeben, und der lange Aufstieg zu den Gipfeln war mühsam. Viel hat sich seither geändert. Nicht nur, dass die Hütte auf 72 Schlafplätze erweitert und modernisiert wurde, auch die Bergsteigerzahlen sind zurückgegangen, während die Wanderlust hingegen gestiegen zu sein scheint. Heute zählt nicht unbedingt nurmehr der Gipfel, sondern das Naturerlebnis, mit Genuss und Komfort gewürzt, und so wird die Turtmannhütte oft auch als Ziel für sich angesteuert. Denn hier stimmt die Mischung: einmalige Natur, «aufgestellte» Herbergseltern, leckere Küche und gemütliche Mehrbettzimmer, die statt kratziger Militärdecken kuschelige Duvets bieten. Hier könnte man für Tage abhängen, sich auf den sonnigen Matten vor der Haustür räkeln, lesen, träumen oder einfach nur die glitzernden Gletscherströme betrachten. Aber es gibt viel zu

Nur eine Dreiviertelstunde braucht es vom Augstbordpass auf das Schwarzhorn. Gewaltig sind die Ausblicke.

tun. Das merkt man spätestens im Gespräch mit Fredy Tscherrig, dem Hüttenwirt, der mit einer ansteckenden Begeisterung von den verschiedenen Routen zu erzählen vermag. Da gibt es zum Beispiel die hüttennahen Klettergärten, in denen Fredy, selbst ein grossartiger Kletterer, über 160 Routen eingerichtet hat. Seit Jahren leitet er hier auch Jugendgruppen durch die unterschiedlichsten Schwierigkeitsgrade. Eine gute Übung für das Selbstwertgefühl der Heranwachsenden. Aufregend ist natürlich auch die Tyrolienne, die er vor acht Jahren über den Graben des Bruneggbaches eingerichtet hat und die über einen noch in keinem Führer verzeichneten Hüttenzustieg erreicht wird, bei dem man sich auch gleichzeitig etwas im Gletschergehen üben kann.

Doch dann muss er wieder in die Küche, sonst verbrennt die Rösti. Seit Magdalena, seine Frau, ihm das dritte Kind geschenkt hat, kann sie nicht immer mithelfen, und so hat Fredy alle Hände voll zu tun. Doch das scheint ihn nicht aus der Ruhe zu bringen, Zeit für die Gäste nimmt er sich einfach. Schon erscheint sein Lausbubengesicht auch schon wieder in der Tür, und er erzählt, wie das mit seinem Vater war. Der war einst Käser im vorderen Turtmanntal. Sein Traum aber war, Bergführer zu sein. Doch ein Seil konnte sich Josef Tscherrig nicht leisten, und ohne das konnte man damals keine Bergführerausbildung absolvieren. Als findiger Kerl wusste er aber, dass in jeder Hütte ein Rettungsseil vorhanden sein muss, so auch in der Turtmannhütte. Der Gedanke ging ihm nicht mehr aus dem Kopf, und kaum dass er sich versah, hatte er dort schon das Seil entwendet. Mit der Folge, dass er nicht nur Bergführer, sondern auch Hüttenwart der Turtmannhütte wurde. Man schrieb das Jahr 1952, und gemeinsam mit seiner Frau hielten sie über dreissig Jahre die Stellung. Nach seinem Tod übernahm 1984 Sohn Beni die Führung. Als dieser sich dann für das Hotel Schwarzhorn im Talgrund entschied, war es für Bruder Fredy eine Selbstverständlichkeit, in die Familienfussstapfen zu treten. Seit 1996 führen er und seine charmante Magdalena mit Elan das Haus.

Der höchste Wandergipfel Europas

Der aufregende Talschluss über der Turtmannhütte ist nicht nur den gletscherkundigen Alpinisten vorbehalten, mit dem 3610 Meter hohen Barrhorn befindet sich dort auch der höchste Wandergipfel der Alpen, ja sogar Europas. Man sollte meinen, dass an solch einem Gipfel reger Wanderbetrieb herrscht. Doch davon kann keine Rede sein, steht er doch im Schatten seiner berühmten Nachbarn, die durch ihre noch grössere Höhe – das Bishorn und das dahinter versteckte Weisshorn erreichen die magische Viertausenderzahl – das Gros der Bergsteiger wie ein Magnet anziehen.

Für das Barrhorn muss man die Turtmannhütte nicht zu nachtschlafender Zeit verlassen. Doch da die frühmorgendliche Aufbruchstimmung in der Hütte meist hellwach macht, kann man genauso gut mit den ersten Alpinisten aufbrechen, was den Vorteil hat, die gewaltigen Lichtstimmungen des Sonnenaufgangs erleben zu können. Folgt man dem Lichtertanz der Stirnlampen, lässt sich der Weg auch im Dunkeln mühelos finden. Zunächst geht es, den Hang querend, an den Fuss der Barrwang, dann durch das Gässi, ein steiles Couloir, auf einen runden Felskopf hinauf. Hier verlassen einen die Alpinisten, um sich dem Gletscher zuzuwenden. Der Wanderer hingegen steigt weiter den Moränenpfad hinauf, der sich parallel zum Eisstrom nach Südosten gegen das Schöllijoch zieht, über Geröll und Felsen, am rechten Ufer des Schölli-Firnfeldes entlang zum schmalen Band des Jochs, das jäh gegen Osten in die Tiefe abbricht. Haben die Gletscherszenarien in der Dämmerung noch wie von innen heraus in den klaren Himmel

Das Hotel Schwarzhorn ist ein angenehmer Etappenhalt im Turtmanntal.

geleuchtet, nehmen sie jetzt flammend rote Farbe an. Erstes Sonnenlicht trifft auf die Eisflanken von Bis- und Brunegghorn und auf die dahinter hervorspitzelnde Pyramide des Weisshorns. Überirdisch schön! Pfadspuren führen in nordöstlicher Richtung am breiten Kamm hinauf zunächst zum Gipfel des Inners Barrhorn, dann weiter durch Schuttflanken zum Gipfel des Üssers Barrhorn. Die Welt liegt einem zu Füssen. Im Norden markiert das lange Gipfelband der Berner Alpen den Horizont, im Osten, Süden und Westen Viertausender-Gipfelprominenz. Die Wahrscheinlichkeit ist gross, dass erst spät einzelne Bergwanderer hinzustossen. Wer trittsicher und orientierungsfreudig ist, kann anstatt des gleichen Rückwegs die zum grössten Teil pfadlose Route entlang dem Westrücken hoch über dem Pipjitälli zurück zur Turtmannhütte wählen.

Information
Turtmann Tourismus, Telefon +41 (0)27 932 16 91, Fax (0)27 932 37 84, info@turtmann-tourismus.ch, www.turtmann.ch, www.turtmantal.ch.
Oberems Tourismus, Telefon +41 (0)27 932 15 33, info@oberems.ch, www.oberems.ch.
Unterems Tourismus, Telefon +41 (0)27 932 24 54, info@unterems.ch, www.unterems.ch.

Öffentliche Verkehrsmittel
Bahnverbindungen von Sion, Sierre, Visp und Brig nach Turtmann (Regionalbus Bahnhof–Dorf). Von Turtmann Luftseilbahn bis Oberems. Postautoverbindung Oberems–Gruben sowie Turtmann–Ergisch. Auskünfte zu Seilbahn- und Postautokursen: Telefon +41 (0)27 932 15 50.

Einkehr/Unterkünfte
Oberems: Pension Emshorn, Telefon +41 (0)27 932 27 96; Schäferstube, Telefon +41 (0)27 932 27 07.
Gruben: Hotel Schwarzhorn, geöffnet Juni bis Oktober, Telefon +41 (0)27 932 14 14; Restaurant Waldesruh (nur Massenlager), Telefon +41 (0)27 932 13 97; Restaurant Trächa, 1 km talauswärts von Gruben, Telefon +41 (0)27 932 28 96.
Turtmannhütte, bewartet Mitte Juni bis Ende September, Telefon +41 (0)27 932 14 55, fredy.tscherrig@turtmannhuette.ch, www.turtmannhuette.ch.

Themenpfade
Wolfspfad: Eischoll–Ifil–Wasserleiti–Ergisch: 2¼ Std. Der Wolf von Eischoll, 1947 erlegt, kann als ausgestopftes Präparat im Naturhistorischen Museum von Sion besichtigt werden.
Bärenpfad: Unterems–Pupräsu–Massoltern–Bärenstäg–Toibuwald–Oberems: 2¾ Std. Der letzte Bär des Turtmanntals wurde vor 200 Jahren getötet. Seine Tatze ist in einer Vitrine bei der Gemeindekanzlei von Oberems zur Schau gestellt.
Adlerpfad: Ergisch–Studentenweg–Alpetjini–Wängerstäg–Toibuwald–Wasserleite–Ergisch: 5 Std.
Dachspfad: Agarn–Unterems–Tuminen–Turtmann–Agarn: 3 Std.
Hopschilpfad (Froschpfad): Turtmann–Chrizhubel–Ried–Ergisch–Brenner–Tennen–Turtmann : 3¾ Std.

Talweg
Turtmann–Toibuwald–Gruben/Meiden: 4½ Std. Tipp: Am Beginn des Talwegs befindet sich einer der imposantesten Wasserfälle der Schweiz, dessen sprühende Fontäne 42 Meter in die Tiefe stürzt. Etwa 10 Gehminuten weiter in Richtung Dorfmitte lohnt sich ein Blick auf die frisch restaurierte Alte Dorfsäge.

Der höchste Wandergipfel Europas
Gruben (1818 m)–Turtmannhütte (2519 m): 3 Std., 720 Höhenmeter; Turtmannhütte–Gruben: 2 Std.
Turtmannhütte–Üssers Barrhorn (3610 m): 3 Std., 1100 Höhenmeter; Üssers Barrhorn–Turtmannhütte: 2 Std.

4. Etappe

Von Gruben nach Zinal

In dem landschaftlich reizvollen Übergang vom Turtmanntal ins Val d'Anniviers wird die Sprachgrenze vom Deutschen ins Französische überschritten und die Mentalität gewechselt. Jenseits spürt man schon deutlich etwas legereres Savoir-vivre. Das Matterhorn verbirgt sich im Aufstieg noch, dafür bezaubert der vergletscherte Talschluss des Turtmanntals mit Bishorn und Brunegghorn. Ab dem Meidpass hat man den Überblick über das ganze Val d'Anniviers mit seinen archaischen Dörfern. Der Höhenweg lässt das Dreigestirn von Zinalrothorn, Obergabelhorn und Dent Blanche immer näher rücken, und dahinter blitzt tatsächlich auch das Matterhorn hervor.

Von Gruben (1818 m) folgt man wenige Meter der Strasse zu den Chalets von Meiden und überquert dort den Bach der Turtmänna. An der Weggabelung nach der Brücke hält man sich rechts und steigt durch Wald und freie Flächen die westliche Talseite hinauf. Bei Punkt 2082 folgt eine lange Querung, man verlässt den Wald und erreicht schliesslich die Hütten der Meide Mittlere Stafel (2234 m). Einen Fahrweg abkürzend passiert der Pfad kurz darauf die Alpsiedlung der Meide Obere Stafel (2334 m). Faszinierend zeichnet sich das Weisshorn am südlichen Horizont ab. In angenehmer Steigung geht es nun über sanfte Matten gegen das hintere Meidtälli. Nach einer Geländestufe taucht rechts des Wegs der Meidsee (2661 m) auf. Über farbige Schuttfelder und in wenigen Kehren ist der Meidpass (2790 m) schliesslich bewältigt. Im Westen liegt nun das Val d'Anniviers zu Füssen. Die Sprachgrenze ist erreicht. Ab jetzt wird Französisch gesprochen.

Jenseits des Meidpasses wird durch Schutt in flacheres Gelände abgestiegen, dann geht es links gegen Südwesten durch die Alpwiesen der Montagne du Toûno. An der Alp Le Chiesso (2201 m) stösst man auf den Höhenweg, der als Planetenweg von der Bergstation der Seilbahn St-Luc–Tignousa

kommt und nach links zum legendären Hotel Weisshorn (2337 m) führt.

Hotel Weisshorn

Francesco Mosoni, Sohn eines Italieners und einer Walliserin, erkannte schon früh die Sehnsüchte touristischen Begehrens: Ruhe, Naturidylle und erhabene Aussicht auf ein unvergleichliches Gipfelmeer, gepaart mit Komfort und gutem Essen. Gemeinsam mit seinem Bruder Pierre baute er 1882 ein Hotel am nördlichen Ausläufer der Nava hoch über St-Luc und fernab der Strasse, nur über einen zweistündigen Saumweg zu Fuss oder per Maultier erreichbar. Nachdem das Holzgebäude 1889 einem Brand zum Opfer gefallen war, wurde 1891 ein Neubau aus Stein errichtet. Das Material musste mühsam mit Hilfe von Lasttieren heraufgebracht werden. Den Transport eines Klaviers bewältigten 6 Mann in 2 Tagen. Das Hotel wurde im englischen Stil geführt: Abendtoilette zum Nachtessen, Rauchen nur im «Fumoir». Illustre Gäste kamen, priesen die reine, gesunde Luft, die prächtigen Sonnenuntergänge und die botanische Mannigfaltigkeit der Umgebung. Neben dem Lustwandeln in der Natur waren damals Milch- und Traubenkuren der Hit.

Das Haus blieb nach Mosonis Tod 1914 zwei weitere Generationen in der Familie, ging dann durch Kauf 1956 erst an einen Zürcher, dann 1969 an eine Gruppe Einheimischer. Seit 1992 leitet das Ehepaar Ammann die Geschicke des Hotels. Die Nostalgie ist geblieben. Noch immer gibt es keine öffentliche Zufahrtsstrasse, noch immer knarren die Dielen, und im alten Teil des herrschaftlichen Hauses stehen noch immer die Waschschüsseln auf den Kommoden der Gastzimmer. Das «Weisshorn» ist beliebter denn je, die Wochenenden meist das ganze Jahr über ausgebucht. Durch den

Haarsträubend sind die Tiefblicke vom Roc de la Vache ob Zinal (siehe Seite 88).
Das Hotel Weisshorn bietet neben nostalgischem Komfort auch einen Prachtsblick auf Grand Cornier und Dent Blanche (rechts).

Vom Meidpass auf dem Weg zum Hotel Weisshorn.

Im Aufstieg aus dem Turtmanntal zum Col de Forcletta bieten sich eindrückliche Blicke auf das Bishorn, das zu den leichten Viertausendern zählt.

Bau einer angrenzenden Dépendance für das Wirtepaar und das Personal sollen zehn weitere Gästezimmer im Haupthaus geschaffen werden.

Durch prächtige Alpflora zieht sich die Route vom Hotel Weisshorn in leichtem Auf und Ab hoch über dem Val d'Anniviers, das sich im hinteren Abschnitt durch den wuchtigen Felsriegel des Corne de Sorebois in zwei Äste teilt: im Westen das Val de Moiry, im Osten das Hochtal von Zinal. Im weiten Alpkessel der Montagne de Nava zieht die Route vom Forclettapass herunter. Man wandert unter den Flanken der Crête de Barneuza im Bogen nach Süden zu den Alphütten von Barneuza (2211 m). Der Blick geht stets gegen den Talschluss von Zinal und die schneeblendende Gipfelkulisse der berühmten Kaiserkrone, der «Couronne Impériale»: Zinalrothorn (4221 m), Obergabelhorn (4063 m), Matterhorn (4478 m), Dent Blanche (4357 m) und Weisshorn (4506 m) – fünf Viertausender auf einen Schlag. Sie liefern auch das Motto für den jährlich stattfindenden, höchst anspruchsvollen Marathonlauf Sierre–Zinal, auf dessen Spuren dieser Teil der Route verläuft. Ist die Waldgrenze bei Punkt 2173 erreicht, folgt der kurze, aber steile Abstieg durch Lärchenwald nach Zinal (1675 m) hinunter. Neben zahlreichen anderen Unterkunftsmöglichkeiten ist vor allem das Hotel Trift, eines der für das Wallis typischen sonnenverbrannten Holzchalets, eine empfehlenswerte Herberge mit hervorragender Küche.

Die Silberdistel

In der Alpflora nicht zu übersehen ist die Eberwurz, deren grosse und glänzende, von stacheligen Blättern umringte Blüte ihr den weitaus bekannteren Übernamen Silberdistel eingebracht haben. Heute ist die Silberdistel streng geschützt, doch galt sie einst als Delikatesse auf dem bäuerlichen

Der Lac de L'Arpitetta ist ein Kleinod im Talschluss von Zinal.

Speiseplan, denn ihr Blütenboden isst sich so lecker wie der einer Artischocke. Ihre getrocknete Wurzel wurde in der Volksheilkunde als harn- und schweisstreibendes Mittel, bei Verdauungsstörungen und bei Bronchialkatarrh innerlich angewendet. Dank der starken antiobiotischen Wirkung des Carlinaoxids, das in den schraubig-spindelförmigen Pfahlwurzeln enthalten ist, war auch die äusserliche Anwendung bei Wunden, Ausschlägen und Geschwüren sehr erfolgversprechend. Aufgrund der hygroskopischen Eigenschaft ihrer Hüllblätter, sich bei feuchter Luft über der Blütenscheibe zu schliessen und bei trockener Luft wieder aufzuspreizen, hat sich der Volksmund unzählige Spitznamen einfallen lassen: Silbersonne, Nebelpflanze, Regenwurzel, Wetterdistel. Noch heute schmückt sich manche Bergbauernhaustür mit diesem natürlichen Barometer, dem auch eine vor dem Bösen schützende Kraft nachgesagt wird.

Varianten

Variante A: Gruben–Col de Forcletta–Zinal

Der Forclettapass stellt die direkteste Verbindung zwischen dem Turtmanntal und dem Val de Zinal dar. Eine üppige Alpflora prägt die einsame, kaum erschlossene Gegend diesseits und jenseits des Bergkamms, der auch die Sprachgrenze bildet.

Von Gruben wechselt man über die Brücke bei den Häusern von Meiden das Ufer der Turtmänna und wandert längs des Bachs taleinwärts, bis ein Wegkreuz auf den Abzweiger rechts zum Col de Forcletta aufmerksam macht. In Serpentinen steigt man durch Wald die Blüomatt auf. An den Chalets der Massstafel (2235 m) vorbei folgt man dem Alpweg durch freies Gelände zu den Hütten von Chalte Berg (2488 m). Man quert gegen Süden in das Blüomatttälli, steigt dort längs des Bachs nach Westen auf, zuletzt steil durch Schutt auf den Col de Forcletta (2874 m). Neben seinem Patois-

4. Etappe

Gruben–Meidpass–Zinal

Routencharakter
Passübergang und Höhenwanderung, bei der sich das Matterhorn zwar grösstenteils verborgen hält, jedoch andere Viertausender dem Staunen kein Ende setzen.

Schwierigkeit
T3. Technisch problemlose Pfade, jedoch mit grossem Höhenunterschied. Ab Hotel Weisshorn aussichtsreiche Genussroute auf einem Höhenweg, bevor ein letztes Steilstück nach Zinal hinunterführt.

Gehzeiten
Gesamtzeit: 7–8 Std.
Gruben (1818 m)–Meidpass (2790 m): 3 Std.
Meidpass–Hotel Weisshorn (2337 m): 1½ Std.
Hotel Weisshorn–Zinal (1675 m): 3¼ Std.

Höhendifferenz
972 m im Aufstieg, 1387 m im Abstieg.

Unterkünfte
Hotel Weisshorn (2337 m), ganzjährig geöffnet, Telefon +41 (0)27 475 11 06; mehrere Hotels in Zinal.

Karte
Landeskarte der Schweiz, 1:50 000, 274 T Visp, 273 T Montana sowie 283 T Arolla (jeweils mit rot markierten Wanderwegen), oder 1:25 000, 1307 Vissoie

Variante A

Gruben–Col de Forcletta–Zinal

Schwierigkeit
T3. Die direkteste Verbindung nach Zinal führt über technisch unschwierige Pfade. Der grosse Höhenunterschied fordert Kondition und Knie.

Gehzeiten
Gesamtzeit: 6½ Std.
Gruben (1818 m)–Col de Forcletta (2874 m): 3½ Std.
Col de Forcletta–Zinal (1675 m): 3 Std.

Höhendifferenz
1056 m im Aufstieg, 1200 m im Abstieg.

Variante B

Gruben–Turtmannhütte–Cabane de Tracuit–Zinal

Schwierigkeit
T5. Für diese Hochgebirgstour durch kombiniertes Gelände ist Berg- und Gletschererfahrung sowie die komplette Ausrüstung (Seil, Pickel, Steigeisen) unerlässlich. Ansonsten nur mit Bergführer! Für den Aufstieg zur Turtmannhütte hingegen benötigt der trittsichere Bergwanderer keine spezielle Ausrüstung.

Gehzeiten
Gesamtzeit: 10 Std.
Gruben–Turtmannhütte (2519 m): 3 Std.
Turtmannhütte–Cabane de Tracuit (3256 m): 4 Std.
Cabane de Tracuit–Zinal (1675 m): 3 Std.
Cabane de Tracuit–Roc de la Vache–Pas du Chasseur–Zinal: 5 Std.

Höhendifferenz
1550 m im Aufstieg, 1700 m im Abstieg.

Unterkünfte
Turtmannhütte, bewartet Ende Juni bis Mitte September, Telefon +41 (0)27 932 14 55; Cabane de Tracuit, Juli bis Mitte September, Telefon +41 (0)27 475 15 00.

Gipfelabstecher
Von der Cabane de Tracuit: Tête de Milon (3693 m): 1½ Std.; Bishorn (4153 m): 3 Std. Beide Gipfel setzen alpine Erfahrung und Ausrüstung bzw. Bergführerbegleitung voraus.

Namen wird der Pass auf Walliser Dialekt auch Furggilti genannt. Wer auf dieser Tagesetappe noch einen Gipfel mitnehmen möchte, folgt dem Kamm gegen Süden und erreicht in etwa einer halben Stunde den Gipfel des L'Omèn Roso (3031 m). Dann auf gleichem Weg wieder zurück zum Pass (15 Min.).

Die ersten Serpentinen jenseits des Bergkamms sind noch sehr steil, dann geht es über sanftes Alpwiesengelände (im Hochsommer mit viel Edelweiss) zur westlich gelegenen Hütte von Tsahélet (2523 m). Nach Überquerung eines Bachs erreicht man in leichtem Abstieg über Bella Lé (2457 m) den Höhenweg, der von Chandolin kommend nach Zinal führt. Diesen schlägt man links ein, schreitet den ausladenden Kessel der Montagne de Nava aus, dann denjenigen von Barneuza. Bei P. 2173 wird die Waldgrenze erreicht, und ein Wegkreuz weist nach rechts den direkten Abstieg nach Zinal.

Variante B: Gruben–Turtmannhütte–Cabane de Tracuit–Zinal

Der Übergang von der Turtmannhütte zur Cabane de Tracuit führt über die spaltenreichen Brunegg- und Turtmanngletscher und ist nur erfahrenen Alpinisten mit kompletter Ausrüstung (Seil, Pickel, Steigeisen) vorbehalten. Diese Hochgebirgstour beeindruckt durch das Szenario wild zerrissener Gletscher und wird in der Regel mit einer Besteigung des Bishorns von der Cabane de Tracuit aus verbunden.

Von Gruben wechselt man über die Brücke bei den Häusern von Meiden das Ufer der Turtmänna und wandert längs des Bachs taleinwärts bis Vorder Sänntum. Dort bestehen mehrere Aufstiegsmöglichkeiten. Die schönsten führen über Holustei oder via Schluchtweg zum kleinen Stausee (2174 m). Wahlweise an seinem West- oder Ostufer entlang gegen den Westhang, wo man in Serpentinen zur Talstation der Materialbahn aufsteigt. Die Route zieht sich parallel zur Bahn weiter gegen Süden bis zum Felssockel, auf dem die Turtmannhütte thront. Die aussichtsreiche Lage über der Zunge des Turtmanngletschers und die unkomplizierte Atmosphäre machen die Hütte auch zu einem sehr lohnenden eigenständigen Tourenziel.

Von der Turtmannhütte geht es in südöstlicher Richtung leicht ansteigend an den Fuss der Barrwand und dieser entlang zum Gässi, einem steilen Couloir, durch das auf die darüberliegenden Moränenfelder aufgestiegen wird. Nach dem grossen Steinmann am Ausstieg hält man sich rechts und steigt vom runden Felskopf in ein Moränental ab. In diesem steigt man den Steinmännchen folgend auf, um an einem geeigneten Punkt über die steile Seitenmoräne hinauf den Gletscher zu betreten. Der Brunegggletscher (der östliche Arm des Turtmanngletschers) wird in südwestlicher Richtung zur Adlerflue, einer auffälligen Felsinsel, überquert. Jenseits vom trigonometrischen Zeichen (2913 m) quert man den Westarm des Turtmanngletschers zu einem Plateau auf 2800 m und steigt am westlichen Gletscherrand unter den Flanken der Diablons zur Cabane de Tracuit. Die 1700 Höhenmeter Abstieg von der Hütte nach Zinal sind eine enorme Anstrengung für die Knie. Die hinreissenden Ausblicke vor allem im obersten Abschnitt auf die Westflanke des Weisshorns mit dem berüchtigten Gendarm, auf die Eisabbrüche und die nadelgleiche Silhouette des Zinalrothorns entschädigen aber für die Mühe. Aufregender als der direkte Abstieg ins Tal stellt sich in der zweiten Hälfte der Route der Umweg über den Roc de la Vache dar. Dazu zweigt man nach der Alphütte Combautanna (2578 m) in der Nähe des Baches des Torrent du Barmé ab. Dort hält man sich links, überquert den Bach und steigt auf den Felssporn des Roc de la Vache. Neben Tiefblicken in das Val de Zinal beeindrucken im Süden die Gipfel von Besso, Pointe de Zinal, Dent Blanche und Grand Cornier. Ab-

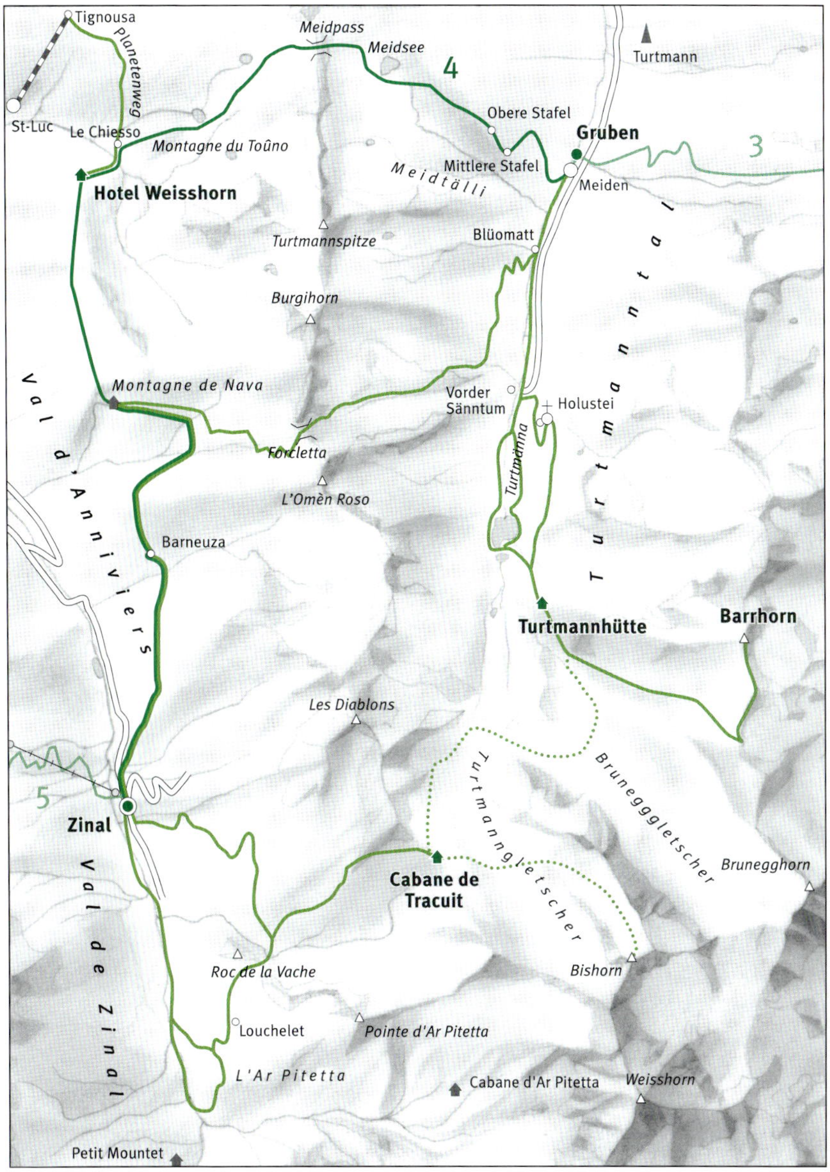

steigend quert man weiterhin grasige Flanken und erreicht den verträumten Lac d'Ar Pitetta, hinter dem sich die Eiswelt von Zinalrothorn und Schalihörnern aufbäumt, die sich im See spiegeln. Einfacher wäre nun der Abstieg über Vichiesso in gut 1½ Stunden nach Zinal. Spannender hingegen ist die Route über den Pas du Chasseur, den Jägerpfad, der schon fast Klettersteigcharakter hat, denn er führt kettengesichert durch den exponierten, felsdurchsetzten Hang in der Direttissima in den Talgrund.

Val d'Anniviers

Das Val d'Anniviers oder zu Deutsch Eifischtal ist das östlichste der französischsprachigen Südtäler des Wallis. Bei Mission verzweigt sich das von der Navisance durchflossene Tal östlich in das Val de

Eine alpine Variante des Matterhorntreks leitet von der Turtmannhütte über zerrissene Gletscher zur Tracuithütte (nur mit Gletscherausrüstung!).

Zinal und westlich ins Val de Moiry. Doch schon in Vissoie trennen sich die Strassen nach Grimentz und zum Lac de Moiry, nach Ayer und Zinal, nach St-Luc und Chandolin (mit 2000 Metern über dem Meer eines der höchstgelegenen ständig bewohnten Dörfer Europas). Vissoie, der Hauptort des Val d'Anniviers, unterscheidet sich durch seine wehrhaft anmutende Erscheinung von den anderen Dörfern des Tales. In dem mittelalterlichen Häuserensemble fällt vor allem ein wuchtiger viereckiger Steinturm auf, der «Cour neuve» aus dem 14. Jahrhundert, in dem einst der Kastlan, der Vertreter des Bischofs, dem das Tal gehörte, residierte.

Was dem Tal und seinen hübschen Dörfern einen besonderen Reiz verleiht, ist die blendend weisse Viertausenderkulisse von Weisshorn, Zinalrothorn, Obergabelhorn und Dent Blanche. Im Sommer muss sich vor allem Grimentz den Ansturm vieler Besucher gefallen lassen, denn es gilt als eines der malerischsten Walliser Dörfer. Bilderbuchreif schmücken leuchtend rote Geranien die Fenster der verwitterten Holzhäuser, die sich dicht um die autofreie enge Hauptgasse drängen. Ältestes Gebäude im denkmalgeschützten Ortskern ist das Bürgerhaus von 1550 (geführte Besichtigungen jeden Montag). Eine stattliche Anzahl von Zinnkannen hängt dort im Versammlungsraum und zeigt die enge Beziehung der Anniviarden zu ihren Rebbergen, die sie sich seit dem Mittelalter im Rhonetal zugelegt hatten. Damit begann für die Bewohner des Tals ein wahres Nomadenleben. Mehrmals im Jahr zogen sie mit Sack und Pack um: zum Maiensäss, um das Heu einzuholen, zur

Hochalp, um die Tiere zu sömmern, hinab ins Tal zu Rebarbeiten und Lese in ihren Weinbergen rund um Sierre. Jedes Dorf des Val d'Anniviers hatte damals sein eigenes Stadtviertel in Sierre. Den Wein brachte man auf Mulis zurück in die Berge, um ihn, gelagert in Lärchenfässern, in Gletschernähe zum begehrten «Vin des glaciers», dem Gold des Tales, ausreifen zu lassen. So wechselten sie fast monatsweise ihren Wohnsitz, Lehrer und Pfarrer immer mit dabei. Der lateinische Ursprung des Namens bringt die Lebensweise im Tal auf den Punkt: «anni viatores» heisst so viel wie «die das ganze Jahr Reisenden». Doch durch die wirtschaftlichen Veränderungen der fünfziger Jahre, durch Modernisierung der Produktionsmethoden und neue technische Errungenschaften wurde diese Lebensweise in Frage gestellt. Mehr und mehr Junge wanderten in die Städte ab. In den siebziger Jahren zählte Grimentz nur noch 212 Einwohner. Dank dem aufkommenden Tourismus konnten neue Geldquellen erschlossen werden, und die Anniviarden sind sesshaft geworden. Landwirtschaft wird hier fast nur noch von Auswärtigen betrieben, doch der Weinkult hat sich erhalten. Zu besonderen Anlässen wird in der «Cave de la bourgeoisie» im Keller des Bürgerhauses der hoch gelobte Gletscherwein verkostet. In der kühlen Gruft lagert auch das Bischofsfass von 1886, dessen Inhalt in früheren Zeiten nur dem kirchlichen Würdenträger zustand. Es birgt ein magisches Geheimnis: Das ursprünglich mit 900 Litern gefüllte Fass wird niemals leer. Die jährlich getrunkene Menge wird einfach immer wieder mit frischem Wein aus der letzten Ernte aufgefüllt, und der im Grundstock mehr als hundertjährige Tropfen hat so einen ganz speziellen Madeirageschmack entwickelt. Die Erklärung von Wissenschaftlern: «Die Wirkung der Kälte in Verbindung mit einem erhöhten Alkoholgehalt tötet die unerwünschten Bakterien ab und sorgt für die erstaunliche Lagerfähigkeit dieses Weines. So setzt

Von Norden zeigt sich das Weisshorn mit seinen atemberaubenden Hängegletschern.

Die Bilderbuchgassen von Grimentz.

sich der Gletscherwein kühl über die Gesetze der modernen Weinwissenschaft hinweg.»

Der Röstigraben

Das berühmte Kartoffelgericht muss herhalten für eine Kluft, die sich westlich durch die Schweiz zieht und die Deutschschweizer von den Welschen trennt. Quer durch das Rhonetal bei Sierre verläuft der Graben als Grenze zwischen Sprachen und Mentalitäten. Obwohl unsichtbar, spürt man ihn deutlich. War man gerade noch im Turtmanntal in ungezwungenem Schweizerdeutsch unterwegs, versteht einen im Val d'Anniviers zunächst einmal niemand. Bemüht man sich jedoch ums Französisch, öffnen sich die Herzen der stolzen Romands. Um den Röstigraben zu verstehen, muss ein Blick weit zurück in die Vergangenheit geworfen werden. Zunächst besiedelten die Kelten das Wallis. Dann, 25 vor Christus, kamen die Römer ins Land, im 5. Jahrhundert die Burgunder, Völker, die die Sprache der Kelten veränderten. Die östliche Kantonshälfte, das Oberwallis, wurde hingegen von den germanisierten Alemannen in Beschlag genommen. Die Alemannen konnten die Burgunder nicht leiden, schliesslich hatten diese gegen sie gekämpft, als sie im Jahr 406 die Rheingrenze für die Römer schützten. Der Konflikt verhärtete sich, als das Oberwallis das inzwischen unter savoyardischer Herrschaft stehende Unterwallis eroberte und seine welschen Nachbarn nach eidgenössischem Vorbild zu Untertanen machte. Kommt noch hinzu, dass sich das Unterwallis nicht durch Eigeninitiative aus dieser Herrschaft löste, sondern seine «Freiheit» durch die über den Sankt-Bernhard-Pass eindringenden französischen Revolutionstruppen aufgesetzt bekam, als 1802 Napoleon das Gebiet zur unabhängigen Republik und 1810 zum französischen Département du Simplon erklärte. Das Oberwallis hingegen musste es verkraften, von einem Herrschervolk zur Minderheit degradiert zu werden. Durch den Beitritt des Wallis in die Eidgenossenschaft im Jahr 1815 hoffte man der Einheit festeren Boden zu geben, doch das historisch begründete Gerangel scheint unüberbrückbar und führt bis heute immer wieder zu politischen Kontroversen. Und im Alltag? Da ignoriert man sich mitunter gern.

Information

Sierre-Anniviers Tourisme, Case Postale 59, 390 Sierre, Telefon 0848 848 027, info@sierre-anniviers.ch, www.sierre-anniviers.ch.

Der Planetenweg von St-Luc.

Office du Tourisme de Grimentz, Telefon +41 (0)27 475 14 93, grimentz@sierre-anniviers.ch.
Office du Tourime de St-Luc, Telefon +41 (0)27 475 14 12, saint-luc@sierre-anniviers.ch.
Office du Tourisme de Chandolin, Telefon +41 (0)27 475 18 38, chandolin@sierre-anniviers.ch.
Office du Tourisme de Vissoie, Telefon +41 (0)27 475 13 38, vissoie@sierre-anniviers.ch.

Öffentliche Verkehrsmittel
Jedes der Dörfer verfügt über eine Busverbindung nach Sierre. Sierre Bahnhof, Telefon 0900 300 300.

Wetterbericht
Météo Alpes romandes, Telefon 0900 552 168.

Unterkünfte
In St-Luc: Hotel Bella-Tola, Telefon +41 (0)27 475 14 44; Hotel Beausite, Telefon +41 (0)27 475 15 86; Hotel Favre, Telefon +41 (0)27 475 11 28; Hotel Fougère, Telefon +41 (0)27 475 11 76.
In Grimentz: Hotel Alpina, Telefon +41 (0)27 476 16 16; Hotel La Cordée, Telefon +41 (0)27 475 12 46; Hotel Becs de Bosson, Telefon +41 (0)27 475 19 79; Hotel Moiry, Telefon +41 (0)27 475 11 44; Hotel Le Mélèze, Telefon +41 (0)27 475 12 87.

Bei Start in St-Luc

Planetenweg

Wer den Matterhorntrek im Val d'Anniviers angehen möchte, dem bietet sich der 6 km lange Planetenweg über St-Luc als wunderbarer Auftakt an. Neun massstabsgetreu verkleinerte Planeteninstallationen, aussichtsreich positioniert, klären über das Sonnensystem auf. Mit jedem Schritt auf dem Höhenweg wird eine Million Kilometer im Kosmos zurückgelegt. Man bewegt sich sozusagen dreimal schneller als das Licht. Ausgangspunkt ist die Bergstation (2178 m) der Standseilbahn St-Luc–Tignousa. Anreise mit dem Postauto von Sierre nach Vissoie, dort umsteigen nach St-Luc und in 10 Min. durchs Dorf zur Talstation (Fahrten stündlich 7.30 bis 17.30 Uhr, Juli/August alle 30 Min., Telefon +41 [0]27 476 15 50, www.funiluc.ch). Ideal: Den Planetenweg bis zum Hotel Weisshorn (1¼ Std.) am späten Nachmittag begehen, dort übernachten (Telefon +41 [0]27 475 11 06) und tags darauf den Matterhorntrek starten.

Etwas oberhalb der Bergstation von Tignousa liegt das grösste Observatorium der Schweiz, das Observatoire François-Xavier Bagnoud. Der Standpunkt dieser Sternwarte auf 2200 Metern über dem Meer ist ideal, denn weder Luftverschmutzung noch atmosphärische Turbulenzen beeinträchtigen die Beobachtungen des Universums. Ob Amateur oder Hobbyastronom, das Observatorium steht der Öffentlichkeit zur Verfügung, sogar an Übernachtungsmöglichkeit wurde gedacht. Anmeldung im Verkehrsbüro von St-Luc.

Keltische Vergangenheit

Wie viele Teile Europas wurde auch das Wallis im 5. und 6. Jahrhundert vor Christus von der keltischen Kultur geprägt. Noch bis Ende des 19. Jahrhunderts hiess St-Luc schlicht Luk, hergeleitet von «lucus», dem keltischen Wort für Wald. Bei grossen Steinblöcken zelebrierten die Kelten damals ihren Kult unter dem freien Himmelszelt. Mehrere solcher Opfersteine sind im Val d'Anniviers wie auch im Val d'Hérens gefunden worden. Der Grösste liegt im Wald nur wenig oberhalb von St-Luc; man passiert ihn kurz nach dem Bahntrassee St-Luc–Tignousa, wenn man über Les Girettes zur Alp von Toûno aufsteigt. «La Pierre des Sauvages», der Stein der Wilden, wird er genannt. Der harte Gneisblock, 14 Meter lang und 6 Meter 50 breit, ist in mehrere Stücke unterteilt, in die über 300 schalenartige Vertiefungen eingraviert sind. Diese Opferschalen, vermuten Wissenschaftler, dienten zum Auffangen von tierischem und mitunter wohl auch

Im Burgerkeller von Grimentz lagert der berühmte Gletscherwein (links).
Am Dorfbrunnen von St-Luc (rechts).

menschlichem Opferblut, das den Göttern dargeboten wurde.

Historische Wassermühlen

Zwei Höhenwege durchziehen die östliche Talseite des Val d'Anniviers und verbinden St-Luc mit Zinal. Die obere Route, über die der Matterhorntrek verläuft, vereint sich mit der unteren bei der Alp Barneuza. Interessant ist die untere Route wegen ihrer fünf historischen Wassermühlen, die sich im Tobel gleich nach St-Luc befinden: Eine Mühle für Roggen und Weizen, eine für Mais, eine Tuch- und eine Gerstenwalke, ausserdem noch eine Nusspresse. Im Sommer erwachen die Mühlenräder wieder zum Leben und demonstrieren den Touristen anschaulich den Verarbeitungsprozess.

Geführte Besichtigungen Juli bis September mittwochs, samstags und sonntags. Ausserhalb dieser Zeit muss beim Müller selbst reserviert werden: Bernard Salamin, Telefon +41 (0)79 610 92 71.

Waschplätze

Den Dorfplatz unterhalb der Kirche von St-Luc schmücken sonnenverbrannte Holzstadel. Einer fällt ins Auge, denn unter seinen Stelzen ist eine Szene von Waschfrauen dargestellt. Viele öffentliche Waschplätze sind heute verschwunden. In früheren Zeiten bildeten sie den Mittelpunkt eines Frauenlebens, denn dort konnten die Frauen unter sich sein, sich ungestört austauschen und dennoch ihre Arbeit verrichten. Während der Ort für Männer tabu blieb, war es umgekehrt den Frauen verboten, Geselligkeit in Gasthäusern zu pflegen.

Zinal

In dem einst einsamen Maiensäss Zinal gab es bereits 1859 eine erste Unterkunft für die der Bergsteigerei verfallenen Engländer. Mit dem aufkeimenden Alpintourismus zogen weitere Hotelbauten nach. Schon bald sprach man von einem Klein-Zermatt, das sich da zu entwickeln schien. Sogar eine Eisenbahnlinie war gepant, die den Col de Trift durchbohren sollte, um Zermatt mit Zinal zu verbinden. Der Tunnel wurde glücklicherweise nie realisiert und, abgesehen von wenigen Bausünden, ist Zinal bis heute ein liebenswerter Ort und Ausgangspunkt zu einer stattlichen Anzahl von Gebirgsgiganten geblieben. Die begehrtesten Ziele sind natürlich die fünf Viertausender der «Kaiserkrone» von Zinal: Herrscherin ist die Dent Blanche, die auch der wichtigsten tektonischen Decke aus afrikanischem Urgestein ihren Namen gab. Neben der herausragenden Lage fällt die besondere Symmetrie des Gipfels auf. Die Grate sind fast exakt nach den vier Himmelsrichtungen ausgerichtet und bilden, auf der Karte betrachtet, ein Kreuz. Den Gipfel zu knacken setzt beste alpinistische Fähigkeiten voraus, gilt der «Weisse Zahn» doch als schwierigster Viertausender der Alpen. Die leichteste Route über den Südgrat wurde am 18. Juli 1862 erstmals von den Engländern Kennedy und Wigram mit ihren Führern Croz und Kronig gemeistert. Um einiges anspruchsvoller stellen sich der westliche Ferpèclegrat sowie der Ostgrat dar. Letzterer wird auch als Viereselsgrat bezeichnet, denn ein Veteran der Erstbesteigergruppe soll ausgerufen haben: «Wir sind doch vier Esel, auf diesem Wege aufgestiegen zu sein!»

Schon die Zustiege zu den Stützpunkten der Kaiserkrone, zur Cabane du Petit Mountet (2142 m, 2½ Std.), zur Cabane du Grand Mountet (2886 m, 4½ Std.), zur Cabane d'Arpitetta (2786 m, 4 Std.) oder zur Tracuithütte (3256 m, 5 Std.), liefern einzigartige Eindrücke in die Welt der Eisriesen und sind auch für trittsichere Bergwanderer ein lohnenswertes Tagesziel für sich. Auch der Roc de la Vache (2581 m, 3 Std.), der «Kuhfelsen», gilt als leicht erreichbarer Aussichtspunkt. Dieser luftig vorstehende Erker, unter dem die Wand über

Die Cabane de Tracuit.

900 Meter fast senkrecht ins Tal stürzt, wartet mit schwindelnden Tiefblicken in das Val de Zinal auf und liefert eindrucksvolle Ansichten auf die vergletscherten Gipfel der Pointe de Zinal (3789 m), der Dent Blanche (4357 m) und des Grand Cornier (3962 m). Doch das absolute Highlight einer Tour über den Roc de la Vache ist die Alpe de l'Arpitetta, die man im Abstieg passiert und die mit Ausblicken wie im Himalaya berauscht. Weisshorn (4506 m), Schalihorn (3975 m), Pointe Nord de Moming (3863 m) und das sich rechts anschliessende Zinalrothorn (4221 m) geben sich hier ein aufregendes Stelldichein.

In La Lée, eine Wegstunde von Zinal entfernt, kann übrigens die einzige der Öffentlichkeit zugängliche Kupfermine der Schweiz besucht werden. Vor dem Einzug des Tourismus versuchte man sich im Bergbau, was sich jedoch wie bei zahlreichen anderen Minen im Wallis als unrentabel herausstellte. Die Grabungen nach dem begehrten Kupfer begannen im Jahre 1856. Durch Schwierigkeiten bei Abbau und Verarbeitung und durch die Konkurrenz sah man sich aber bald gezwungen, das Unternehmen zu schliessen, was ab 1903 schrittweise geschah. Geblieben ist eindrückliches verzweigtes Stollensystem, das auf einer Führung besichtigt werden kann.

Information
Office du Tourisme de Zinal, Telefon +41 (0)27 475 13 70, Fax (0)27 475 29 77, zinal@sierre-anniviers.ch; www.zinal.ch.

Bergführer
Bureau des guides d'Anniviers, Telefon +41 (0)27 475 12 00, info@anniviers-montagne.ch, www.anniviers-montagne.ch.

Öffentliche Verkehrsmittel
Postautoverbindungen ab Vissoie und Sierre.

Unterkünfte
Hotel Le Trift, Telefon +41 (0)27 475 14 66;
Hotel Le Besso, Telefon +41 (0)27 475 31 65;
Hotel Les Bouquetins, Telefon +41 (0)27 475 25 09;
Hotel Europe, Telefon +41 (0)27 475 44 04;
Hotel A la Pointe de Zinal, Telefon +41 (0)27 475 11 64;
Pension La Poste, Telefon +41 (0)27 475 11 87;
Auberge Alpina, Telefon +41 (0)27 475 12 24;
Pension de Prolong, Telefon 079 302 72 19.

Schlechtwettertipps
Hallenbad im Les Erables, Telefon +41 (0)27 475 42 48.
Kupfermine La Lée (Mine de Cuivre de la Lée) 1 Wegstunde von Zinal entfernt, Führungen (45 Min.) Juni bis Oktober; warme Kleidung anziehen, die Temperatur im Inneren der Mine schwankt zwischen 3 und 10 Grad Celsius, www.swissgrottes.ch. Auskünfte und Anmeldung im Verkehrsbüro von Zinal.

Museum
Ein bäuerliches Wohnhaus aus dem Jahre 1768 kann in Zinal im Juli und August jeweils am Freitag besichtigt werden. Es veranschaulicht, wie man anno dazumal hier gelebt hat. Anmeldung im Verkehrsbüro.

Hüttenabstecher
Cabane du Petit Mountet (2142 m, Juni bis Oktober, Telefon +41 [0]27 475 13 80 oder +41 [0]27 475 10 89): 4 Std. In der Hütte bemerkenswerte Bibliothek über die heimische Alpenflora, -fauna und Geologie. Von Petit Mountet ansprechende Rundwanderung durch Moränenlandschaft zur Cabane du Mountet.
Cabane du Grand Mountet (2886 m, Mitte Juni bis September, Telefon +41 [0]27 475 14 31): 4½ Std.
Cabane d'Arpitetta (2786 m, Juli bis Mitte September, Telefon +41 [0]27 475 40 28): 4 Std.
Tracuithütte (3256 m, Juli bis September, Telefon +41 [0]27 475 15 00): 5 Std.

5. Etappe

Von Zinal nach Evolène oder nach Les Haudères

Eindrückliche Tiefblicke gleich in drei Täler begleiten diesen Abschnitt. Von faszinierender Farbe, einem kräftigen Türkis, zeigt sich der Lac de Moiry. Das Matterhorn bleibt leider verborgen (nur bei der Gondelfahrt zur Alp Sorebois lässt sich ein kleiner Zipfel erhaschen). Wer die ganze Strecke zu Fuss bewältigt, muss mit einer extrem langen Tagesetappe rechnen oder hat, ohne mit öffentlichen Verkehrsmitteln abzukürzen, die Möglichkeit, am Lac de Moiry zu übernachten und die Route so in zwei Etappen aufzuteilen.

Von Zinal überquert man den Bach der Navisence, steigt dann durch Wald bis Le Chiesso (2090 m) auf, wo man sich links hält und im Zickzack durch offenes Gelände die Bergstation Sorebois erreicht. Aufgrund der langen Tagesetappe werden die meisten die Seilbahn Sorebois bis auf 2438 Meter Höhe nehmen. Dabei zeigt sich sogar ganz kurz das Dach des Matterhorns zwischen den Gipfelzacken. Von der Bergstation folgt man der breiten Fahrpiste durch die Wunden eines kleinen Skigebiets gegen den westlich gelegenen Corne de Sorebois (2896 m), von wo sich ein gigantischer Ausblick bietet: Dent Blanche, Obergabelhorn, Zinalrothorn und das Weisshorn im Süden und Südosten. Im Westen der Grand Combin, das Mont-

blancmassiv und die Dents du Midi. Im Norden das Diableretsmassiv, Wildhorn, Wildstrubel, Altels, Balmhorn und die markante Pyramide des Bietschhorns. Zu Füssen leuchtet der Lac de Moiry in faszinierendem Türkis.

Vom Col de Sorebois (2835 m) führt der Weg in zahlreichen Serpentinen zum Stausee des Lac de Moiry (2550 m) hinunter. Von der Staumauer präsentiert sich ein herrlicher Blick über den See zum wild zerklüfteten Glacier de Moiry, über dem sich Grand Cornier und Dent Blanche auftürmen. Nach dem Passieren der Staumauer folgt man links einem Fahrweg bergwärts. Die Alpgebäude von Motta Blantse rechts umgehend, gelangt man westlich zum idyllischen Lac des Autannes (2686 m). Der kleine See, in dem sich die Gletscherwelt des Val de Moiry spiegelt, gibt einen fantastischen Rastplatz ab. Nach Durchquerung der kleinen Ebene windet sich die Route in Kehren steil zum Col de Torrent (2919 m) hinauf. Und ein neues Tal liegt dem Wanderer zu Füssen: das Val d'Hérens. Im Talschluss glitzert der Glacier d'Arolla, darüber die Pigne d'Arolla (3796 m). Weiter im Westen die Aiguilles Rouges d'Arolla (3646 m), der Mont de l'Etoile (3330 m) und die Pointe de Vouasson (3490 m). Im Süden Mont Collon (3637 m), Tête Blanche

Fast wie im Himalaya: das Val Ferpècle im Talschluss des Val d'Hérens.

Edelweiss, die Königin der Alpenblumen.
Opfersteine (rechts) finden sich überall in den Alpen, doch muss man sie erst einmal als solche erkennen. Oft läuft man ahnungslos vorbei.

(3724 m), Tête de Valpelline (3802 m), Dent d'Hérens (4171 m) und Dent Blanche (4357 m), die leider das Matterhorn verdeckt.

Der Col de Torrent lädt auch zu einem Gipfelabstecher ein: Dazu folgt man vom Pass rechts den Pfadspuren entlang der Westseite des Gratrückens und gelangt durch Schutthalden über den Vor- zum Hauptgipfel des Sasseneire (3254 m, ½ Std.).

Jenseits des Passes führen steile Spitzkehren vom Schuttgelände auf die Alpwiesen hinunter, über die nach Westen abgestiegen wird. Ganze Teppiche von Edelweiss lassen sich im Hochsommer in der blumigen Fülle entdecken. Nach dem Kreuz von Béplan hält man sich südlich und erreicht die Alphütten von Mayens de Cotter (2057 m), wo sich die Route auf einem Strässchen fortsetzt. In der zweiten Haarnadelkurve biegt nach links ein Wanderpfad ab, der durch ein Bachtobel nach Villa (1742 m) führt. Von dem hübschen Weiler kann nun wahlweise rechts nach Evolène (1371 m) oder links über La Sage mit seiner hübschen Kapelle nach Les Haudères (1436 m) abgestiegen werden.

Edelweiss

So wie das Matterhorn das Urbild der Berge darstellt, ist das Edelweiss zum Symbol intakter Alpenflora geworden. In unzähligen Variationen findet sich das markante Blümchen auf Kleidungs- und Schmuckstücken, auf Keramik und Nippes, auf Tourismusprospekten und Plakaten wieder und fördert die Klischeevorstellung alpenländischer Vegetation. Kaum ein Wanderer, der nicht in botanische Verzückung gerät, wenn er einen dieser dekorativen filzig-weissen Sterne in den Alpwiesen entdeckt. Doch weiss er auch, dass diese Gattung ursprünglich aus den Steppen Zentralasiens stammt? Vermutlich nicht. Erst nach der letzten Eiszeit, vor rund 10 000 Jahren, begann sich das Edelweiss in den Alpen anzusiedeln, ermöglicht dadurch, dass das Mikroklima ihrer alpinen Standorte ihrer Steppenherkunft sehr nahe kommt. Erstaunlich ist auch, dass die ursprüngliche Steppenpflanze nährstoffreiche, gut durchfeuchtete Böden vorzieht, die aber sonnig sein müssen; schliesslich kann sie eine Hitzeperiode problemlos überdauern, da ihre filzig-dichte Behaarung vor einer zu hohen Wasserabgabe ihrer Blätter schützt.

Das Edelweiss, Leontopodium alpinum, stammt aus der Familie der Korbblütler und blüht in der Regel von Mitte Juli bis in den September. Die meisten ihrer Bewunderer glauben, dass der Stern die Blüte ist. Doch dabei handelt es sich lediglich um einen Kranz weiss-wolliger Hochblätter, der die eigentlichen Blüten umringt, die sich darin zu 5 bis 8 winzigen Körbchen zusammendrängen.

Val d'Hérens

Berühmt ist das Val d'Hérens, zu Deutsch Eringertal, für seine traditionellen, ganz in Holz erbauten Dörfer und seine Trachten, die auch im Alltag noch getragen werden, vor allem aber für die kämpferischen Eringerkühe, die sich alljährlich in spannenden Kuhkämpfen um den Rang der Kuhkönigin streiten. Ein eindrückliches Naturdenkmal befindet sich an der Gabelung von Val d'Hérens und Val d'Hérémance kurz vor Euseigne: Stattliche Erdpyramiden, von den Einheimischen «Demoiselles» oder «Gendarmes» genannt, auf deren schlanken Säulen jeweils ein gewaltiger Stein balanciert. Dieser Stein hat während der Erosion und der Auswaschung durch Schlagregen den Untergrund geschützt und so die Säulen aus eiszeitlichem Moränenschutt zurückgelassen. Die Strasse bohrt sich direkt hindurch.

Evolène ist der Hauptort des Tals. Charakteristisch sind die mehrstöckigen Holzhäuser aus wettergegerbtem Lärchenholz. Aus den Häusern sind im Laufe von Generationen und Erbschaften durch Um- und Anbauten fünf- bis sechsstöckige Etagenhäuser geworden. Eine Kuriosität, die auch in den anderen Walliser Tälern anzutreffen ist, sich in Evolène aber in einem besonders hübschen Ensemble präsentiert. Sehenswerte Exemplare finden sich auch in La Tour, dem Weiler an der Strasse zwischen Evolène und Les Haudères. Diese sogenannten Turmhäuser gelten als die ersten Hochhäuser der westlichen Welt.

Eine weitere Kuriosität, die sich im Val d'Hérens erhalten konnte, ist die Sprache. Evolène ist die letzte Gemeinde der Schweiz, in der noch Patois gesprochen wird, der franco-provenzalische Dialekt, der einst in der gesamten Welschschweiz gepflegt, dann aber durch das Französisch verdrängt wurde. Auch im italienischen Aostatal sowie in verschiedenen Regionen Frankreichs trifft man noch auf diesen Dialekt, der aber mehr und mehr vom Aussterben bedroht ist. Das Nomadenleben, wie es die Bewohner des Val d'Anniviers geführt hatten, war im Val d'Hérens weit weniger ausgeprägt. Marie Métrailler, eine für die damaligen Verhältnisse sehr emanzipierte Frau, beschreibt in ihrem Buch «La Poudre de Sourire» das harte Bauernleben ihres Heimattals zu Anfang des 20. Jahrhunderts. Sie motivierte damals die Frauen, mit Strick- und Näharbeiten, die sie in ihrem neu gegründeten Laden verkaufen konnten, ihren Lebensunterhalt zu verbessern. Das Handarbeitsgeschäft «Tissage Métrailler» an der Hauptstrasse von Evolène existiert immer noch und wird heute von ihrem Neffen geführt.

Eine Hauptattraktion im Sommer ist das grosse Volksfest von Evolène, die «Grande Fête de la Mi-Été», die am 15. August mit Trachtenumzug und der Demonstration alter Handwerksberufe stattfindet.

Les Haudères, nicht ganz so museal wie Evolène, ist weit weniger touristisch. Hier gabelt sich das Tal nochmals: südöstlich in das Val Ferpècle und südwestlich in das Hochtal von Arolla. Mehr als lohnend ist es, in Les Haudères oder eine «Etage» höher in Villa, La Sage oder La Forclaz einen Tag länger zu verbummeln und von dort aus vor allem auch das Val Ferpècle zu erforschen. Denn das einsame Tal birgt an seinem Ende eine ganz besondere Landschaftsperle: Von feinkörnigem Sandstrand und Felstrümmern umsäumt, schimmert da ein milchig-blauer See im Gletscherrund. Rechter Hand fliesst der zerrissene Strom des Glacier du Mont Miné herab, linker Hand baut sich atemberaubend die Dent Blanche in ihrem Eismantel auf. Kaum vorstellbar, dass dort, wo sich heute östlich des Felsriegels des Mont Miné der Glacier de Ferpècle herabwälzt, einst saftige Matten waren und über den Col d'Hérens eine Verbindungssroute von Italien über Zermatt ins Rhonetal nach Sion führte. Zur Römerzeit soll es bei Les Manzettes (lat. *mansio*, Aufenthalt, Nachtlager)

Evolène ist der Hauptort des Val d'Hérens.

5. Etappe

Zinal–Col de Sorebois–Lac de Moiry–Col de Torrent–Evolène/ Les Haudères

Routencharakter

Das Matterhorn bleibt auf dieser Etappe verborgen (nur bei der Gondelfahrt zur Alp Sorebois lässt sich ein kleiner Zipfel blicken), doch zwei Pässe vermitteln traumhafte Panoramen: ins Herz der Walliser Zentralalpen und hinüber zu den Berner Alpen. Wer diese sehr lange Etappe aufteilen möchte, dem bietet sich eine wunderbare Übernachtungsmöglichkeit in der Dépendance Chalet du Barrage (mit vortrefflicher Küche!) direkt an der Staumauer des Lac du Moiry.

Schwierigkeit

T3. Kräftige Auf- und Abstiege auf guten Pfaden, die ohne technische Schwierigkeiten zu bewältigen sind. Ohne Seilbahnbenutzung oder Postautoabkürzung empfiehlt es sich, die Strecke in zwei Etappen aufzuteilen.

Gehzeiten

Gesamtzeit: 10–11 Std.; mit Seilbahnbenutzung 8–9 Std.
Zinal (1675 m)–Col de Sorebois (2835 m): 3½ Std.
Col de Sorebois–Lac de Moiry (2250 m): 1 Std.
Lac de Moiry–Col de Torrent (2919 m): 2½ Std.
Col de Torrent–Les Haudères (1436 m): 3½ Std.
Col de Torrent–Evolène (1371 m): 3 Std.

Höhendifferenz

1830 m im Aufstieg, 2070 m im Abstieg; mit Seilbahnbenutzung 1400 m im Aufstieg, 2070 m im Abstieg.

Abkürzung

Die Seilbahn Sorebois (8 bis 16 Uhr) verkürzt die Route um 2 Std., ausserdem besteht eine Postautoverbindung zum Lac de Moiry. Von Villa im Val d'Hérens kann man das Postauto nach Les Haudères nehmen (¾ Std. Zeitersparnis). Mit dem Postauto nach Arolla kann die Gesamtumrundung des Matterhorns um einen Wandertag verkürzt werden.
Wer insgesamt kürzere Tagesetappen vorzieht, kann am Lac de Moiry übernachten.

Unterkünfte

Cabane de Sorebois bei der Bergstation der Seilbahn (2440 m), Telefon +41 (0)27 475 13 78; Chalet du Barrage am Lac de Moiry (2250 m), Mitte Juni bis Ende September, Telefon +41 (0)27 475 15 48.

Gipfelabstecher

Col de Torrent (2919 m)–Sasseneire (3254 m): ¾ Std.

Hüttenabstecher

Lac de Moiry–Cabane de Moiry (2825 m, Ende Juni bis September, Telefon +41 [0]27 283 10 18): 2 Std. Von der Cabane de Moiry kann man auch über den Col du Tsaté (2868 m) ins Val d'Hérens gelangen: ca. 6 Std. bis Les Haudères; dabei wird der Glacier de Moiry traversiert, weshalb die Route Gletscherkundigen vorbehalten ist.

Variante

Lac de Moiry–Alp La Bayenna–Col du Tsaté–Les Haudères: 6 Std., Höhendifferenz: 619 m im Aufstieg, 1432 m im Abstieg.

Karte

Landeskarte der Schweiz 1:50 000, 283 T Arolla und 273 T Montana (jeweils mit rot markierten Wanderwegen), oder 1:25 000, 1307 Vissoie und 1327 Evolène.

sogar eine Etappenstation gegeben haben. Im Hochmittelalter wurde der Übergang von den Walsern genutzt, die sich von Zermatt aus auch im Val d'Hérens angesiedelt hatten. Der Pass wurde aber auch aus religiösen Gründen als Pilgerweg begangen, in der Hoffnung, damit den Schutz vor Naturkatastrophen zu erwirken. So legten beispielsweise die Zermatter ein Gelübde ab, einmal im Jahr mit ihrem Pfarrer über den Col d'Hérens zur Messe nach Sion zu pilgern. Weil sich die Gletscherüberquerung im Zuge der Kleinen Eiszeit zunehmend schwieriger gestaltete, wurde 1666 mit dem Bischof ein Vertrag ausgehandelt, der gegen eine jährlich zu entrichtende Geldspende von dem Pilgergang befreite. Doch erst im Jahre 1816 konnten sich die Zermatter durch eine Abschlagszahlung entgültig von dem Schwur entbinden.

Überlieferungen aus dem Val Ferpècle haben sich auch in der Walliser Sagenwelt verewigt, deren Ursprung weit ins Keltentum zurückreicht: So soll es einmal ein reiches Dorf im Tal von Ferpècle gegeben haben. Es lag bei Manzettes, zwischen Bricola und dem Mont Miné, und besass prunkvolle Kirchen. Des Dorfkönigs hübsche Tochter Annaès fand keinen Gefallen an der Einsamkeit des väterlichen Palastes. Und so liess sie sich von dem vornehmen ausländischen Herrn verführen, der eines Tages auftauchte. Dieser aber war der Teufel persönlich, der sich den Reichtum des Dorfes aneignen wollte. Da brach plötzlich mit ohrenbetäubendem Krachen eine Eislawine vom Mont-Miné-Gletscher herab und begrub das Dorf und seinen ganzen Prunk unter sich. Der König und seine Tochter schafften es, den tödlichen Eismassen zu entfliehen. Doch die Wut des Königs auf seine Tochter war unermesslich, und er sperrte sie in eine Höhle ein, mit dem Schwur, sie nur zu befreien, wenn ein tugendhafter Mann um ihre Hand anhielte. Da ihr übler Ruf ihr längst vorausgeeilt war, wagte es niemand, sie zu erlösen. Der Volksmund erzählt sich, dass Wanderer mitunter

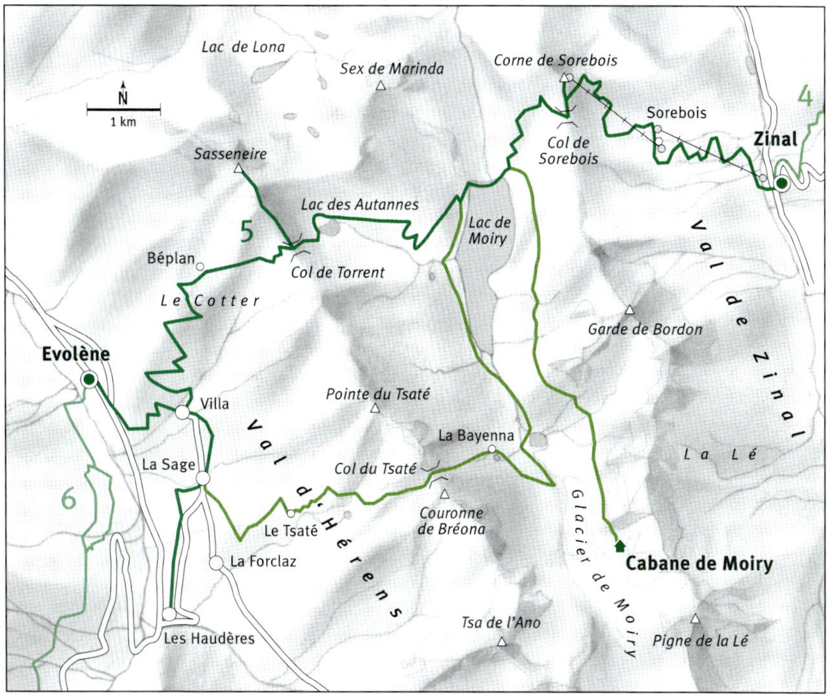

die Glocken des verlorenen Dorfes am Mont Miné läuten hören.

Rätsel der Vergangenheit

Kein Gipfel und kein Gletscher, keine Weide und kein Stein in dieser Gegend ohne Legenden, die weit in die Vergangenheit zurückführen und fast immer vom tiefen Glauben, von Kulten und Bräuchen verschwundener Völker erzählen. Wie im Val d'Anniviers trifft man auch im Val d'Hérens auf zahlreiche Schalensteine (pierres à cupules) voll rätselhafter Gravuren. So finden sich nahe der Mayens de Cotter, dem Maiensäss, das man im Abstieg vom Col de Torrent passiert hat, zehn eiszeitliche Findlinge mit mehr als zweihundert von Menschenhand angefertigten Vertiefungen, Rillen, Kreuzen und anderen Formen. Diese Opfersteine (pierres aux immolés) werden auch Feensteine oder «Pierres des Mayens Blancs» genannt. Einer der legendenumrankten Findlinge ist unter dem Namen «Märtyrerstein» (pierre des martyrs) bekannt, weil seine Form an einen enthaupteten Menschen erinnert.

Die Steine geben bis heute Rätsel auf. Trotz umfangreichen Forschungen bleiben die zahlreichen Erklärungsversuche immer nur Vermutungen. «Über die Gravuren haben sich schon viele den Kopf zerbrochen», erzählt Marie Métrailler in ihrem Buch «La poudre de sourire». «Für die einen sind es Opferaltare, auf denen man Tieren oder vielleicht sogar auch Menschen die Kehle durchschnitt, und die Rillen und Vertiefungen waren zum Sammeln des Blutes gedacht. Ich habe jedoch nie an diese Erklärung geglaubt. Auf den Steinen sind Zeichen eingraviert, die an Pfeile, an Kreuze und Kreise erinnern. Das Kreuz war schon vor der Christianisierung ein religiöses Symbol und die Basis aller Orientierungssymbole: der Erde, des Himmels, des Menschen gegenüber sich selbst. Der Pfeil ist, wie die Leiter, das Symbol des Austausches zwischen Himmel und Erde, ebenso verkörpert er auch den fruchtbaren Sonnenstrahl. Andere wiederum vermuten, dass die historischen Steinen zur astrologischen Orientierung genutzt wurden. Die Gravuren könnten nach den Gestirnen ausgerichtet sein. In bestimmten Nächten des Jahres entflammte man auf den Steinen Kerzen, um eine Verbindung zu den magischen Kräften herzustellen. Doch von all diesen Interpretationen ist keine sicher.»

Sicher ist man sich jedoch, dass die Benennung als Feenstein, Opferstein und Märtyrerstein neueren Datums ist. Einzig der Name «Pierre aux Mayens Blancs» scheint aus alter Vorzeit zu stammen. Nach den Bewohnern von Les Haudères könnten die Findlinge Reste eines alten Marmorsteinbruchs sein, den man tatsächlich in der Nähe gefunden hat.

Auch um Nax und Vex, um Villa und Evolène finden sich Steine mit Einritzungen. Einer von ihnen, mitten im Dorfzentrum von Evolène, ist unter dem Namen «Rocher du Diable», Teufelsfels, bekannt. Die Legende berichtet, dass der Teufel höchstpersönlich hier seinen Handabdruck hinterliess, als er den Stein auf das Dorf warf.

Wer sich genauer mit den Findlingen auseinandersetzen möchte, dem sei die französischsprachige Broschüre «Pierres à Cupules – Vestiges de l'art rupestre dans le Val d'Hérens» von Barbara Beck und Hans-Rudolf Pfeifer empfohlen, die auch einen Lageplan enthält.

Geheimnisvoll sind auch die Legenden, nach denen einst auf den Alpen von Cotter und Niva

Hochhäuser können auch schön aussehen, wie hier in La Tour zwischen Evolène und Les Haudères.

Kuhkämpfe sind das Hauptspektakel im Val d'Hérens.

Feen gehaust haben sollen. Diese Feen sollen unwirsch und fordernd gewesen sein; so verlangte jede von ihnen tagtäglich von den Bergbauern eine grosse Schale Milch. Eines Morgens entschied der Hirte von Niva, sich einer der lästigen Feen zu entledigen, und er servierte ihr die Milch in kochend heissem Zustand. Die Fee, gewohnt die Schale in einem Zug zu leeren, verbrannte sich den Mund fürchterlich. Verärgert rief sie ihrer Freundin, der Fee der Alp von Cotter, zu: «Ich habe mich verbrannt.» – «Wer hat dich denn verbrannt?» kam die Antwort zurück. «Ich war es selbst», jammerte die Fee von Niva. «Dann ertrage es auch selbst», konterte ihre liebenswürdige Freundin. So starb die Fee von Niva, und seither ward keine Fee mehr auf der Alp Niva gesehen.

Eine ganz andere Wendung nimmt die Feenlegende hingegen auf der Alp von Cotter. Die Fee Voise nahm dort ihren Hirten zum Mann. Noch vor der Heirat musste er ihr jedoch das Versprechen ablegen, niemals folgende Worte zu sagen: «Fee Voise, du bist weder verwitwet noch verheiratet.» So nahm die Ehe ihren Lauf, zahlreiche Kinder wurden ihnen geboren und sie lebten friedlich. Doch dann geschah es, dass der Ehemann, verärgert über eine Bagatelle, den verbotenen Satz schliesslich doch aussprach. Seine Feenfrau verliess augenblicklich das Haus und liess sich nur von Zeit zu Zeit blicken, um ihre Kinder zu sehen. Die Kinder liebten ihre Mutter sehr, und auch der Hirte bedauerte seinen Fehler zutiefst. Als die Kinder ihre Mutter wieder einmal zum Bleiben aufforderten, sagte diese: «Wenn euer Vater dem ersten

Wesen, das er morgen früh vor der Türe antrifft, einen Kuss gibt, komme ich zurück.» Als am folgenden Tag ihr Gatte die Haustür öffnete, lag da eine riesige Schlange, und voller Angst schlug er erschrocken die Türe wieder zu. Von diesem Moment an war die Fee endgültig verschwunden, und auch andere Feen wurden nie mehr auf der Alp von Cotter gesehen.

Eringerkühe

Den berühmten Eringerkühen sind viele schon auf ihren Wanderungen begegnet: klein, gedrungen und tiefschwarz, mit Muskelpaketen bepackt, das Gesicht etwas zerknautscht und kampflustig – steht man ihnen Aug in Auge gegenüber, fühlt man sich meist recht ungemütlich, denn sie haben das, was man von einer Kuh im Grunde nicht erwartet: Temperament und Kampfgeist. Eigenschaften, die sie gottlob nur unter ihresgleichen einsetzen. Gegen Menschen sind sie nicht aggressiv.

Die ursprünglich aus dem Val d'Hérens stammende Rinderrasse gab es schon 3000 vor Christus, wie Knochenfunde bei Sion ergaben. Noch immer ist diese eigentümliche Rasse im Wallis, im Aostatal und vereinzelt auch in der Gegend um Chamonix anzutreffen. Allein unter wirtschaftlichem Aspekt betrachtet, wäre sie wahrscheinlich schon ausgestorben, denn die Tiere geben nur wenig Milch. Da sie klug und rauflustig sind, werden sie für Kuhkämpfe eingesetzt, die im Frühjahr und Herbst in verschiedenen Walliser Gemeinden stattfinden und zu einer spannenden Touristenattraktion geworden sind.

Der Kampfgeist der Eringerrasse hat seinen Ursprung in den bunt gemischten Herden auf den Hochweiden, auf die sie alljährlich in Frühsommer hinaufgetrieben werden. Kaum hat man sie auf die Weiden gelassen, machen sie untereinander ihre

Der Lac des Autannes mit dem vergletscherten Talschluss des Val de Moiry.

Eine unterhaltsame Attraktion ist das Volksfest von Evolène Mitte August.

Rangordnung aus. Sie beobachten, schätzen ab, umkreisen einander und gehen aufeinander los, prallen dumpf mit ihren Köpfen zusammen. Die muskulösen Flanken zittern, die Nüstern sind gebläht, die Augen rollen, während sich die Hörner der beiden Rivalinnen verkeilen, bis eine nachgibt und sich beschämt trollt. Andere wiederum setzen auf List und Taktik, täuschen grasend Desinteresse vor, bevor sie zum Angriff ansetzen. So erarbeiten sie sich eine Hierarchie in der Herde, und an der Spitze steht die Gewinnerin als stolze Königin. Diese natürliche Kampfeigenschaft hat man sich zunutze gemacht, um bei einem Volksspektakel, dem «Combat des Reines» (Kampf der Königinnen), die Tiere im Ring ihre Stellung klären zu lassen. Der Titel «Königin der Königinnen» ist eines Züchters höchster Trumpf und bringt ihm neben Geld vor allem Ehre ein. Gegen die Kritik von Tierschützern verteidigt man sich vehement, schliesslich haben die Kämpfe nichts mit spanischen «Corridas» zu tun. Nach tierärztlicher Untersuchung und nach strengen Zulassungskriterien und Spielregeln läuft das Gerangel in der Regel unblutig ab. Die Hörner werden extra abgerundet, um Verletzungen vorzubeugen.

Die aktuellen Wettkampftermine sind in den Tourismusbüros zu erfahren.

Die Walliser Küche

Raclette steht im Wallis hoch im Kurs, schliesslich ist es dort auch erfunden worden. Am köstlichsten schmeckt es, wenn die dicken Käselaibe unter freiem Himmel an der Feuersglut geschmolzen werden, wie das dem Gast beispielsweise auf der Restaurantterrasse des «Au Vieux Mazot» im rustikalen Dorfkern von Evolène geboten wird. Auch Käsefondue wird fleissig verzehrt und in verschiedenen Varianten angeboten, zum Beispiel mit Pilzen oder Safran, und dazu nicht nur Brot, sondern auch Kartoffeln.

Die Milch wird im ganzen Kanton zu feinen Käsesorten verarbeitet, die vielerorts auch direkt von der Alp gekauft werden können. Dazu schmeckt am besten hauchdünn geschnittenes kräftiges Walliser Roggenbrot. Eine beliebte Zwi-

schenverpflegung ist der Walliser Teller, den neben Hobelkäse auch luftgetrocknetes Trockenfleisch und lokale Wurstspezialitäten zieren. Den Tomaten und vor allem den Aprikosen, die im mediterranen Klima des Rhonetals gedeihen, schmeckt man die süsse Sonnenreife an. Safran, das gelb färbende Gewürz aus den Pollenständen der Krokusblume, wird in Mund, einem kleinen Dörflein im Rhonetal gezogen; er bereichert mit seinem besonderen Aroma salzige wie auch süsse Speisen. Aus den Safranblüten wird übrigens auch ein geistvolles Wasser produziert, das «Munder Gold».

Information
Office du Tourisme de la Région d'Evolène, 1983 Evolène, Telefon +41 (0)27 283 40 00, Fax (0)27 283 40 01, info@evolene-region.ch, www.evolene-region.ch. Office du Tourisme des Haudères, Telefon +41 (0)27 283 23 04, Fax (0)27 283 23 05, leshauderes@evolene-region.ch.

Bergführer
Zentralbüro, Telefon +41 (0)27 283 33 33. Da das Büro nicht immer besetzt ist, vermittelt auch der Tourismusverein.

Öffentliche Verkehrsmittel
Jedes der Dörfer verfügt über Postautoverbindungen nach Sion im Rhonetal.

Einkehrtipp
In Evolène im Restaurant Au Vieux Mazot gibt es ganz archaisch Raclette über dem Holzkohlenfeuer, Telefon +41 (0)27 283 11 25.

Unterkünfte
Evolène: Hotel Hermitage, Telefon +41 (0)27 283 12 32;
Hotel Garni Arzinol, Telefon +41 (0)27 83 16 65;
Pension d'Evolène, Telefon +41 (0)27 283 11 51.
Les Haudères: Hotel Garni Gai-Logis,
Telefon +41 (0)27 283 14 13;
Hotel des Haudères, Telefon +41 (0)27 283 15 41;
Hotel Edelweiss, Telefon +41 (0)27 283 11 07;
Hotel des Alpes, Telefon +41 (0)27 283 16 77;
Hotel des Dents de Veisivi, Telefon +41 (0)27 283 11 01;
Hotel Les Mélèzes, Telefon +41 (0)27 283 11 55.

Val Ferpècle
Von Les Haudères kann man mit dem Postauto über das Dörfchen La Forclaz bis Salay (1766 m) abkürzen. Dann sind es nur noch 45 Min. bis an den Gletschersee unterhalb des Mont Miné. Bricola (2415 m), ein glänzender Aussichtspunkt über dem Geschehen, ist in 1¾ Std. erreichbar.

Die Erdpyramiden am Eingang ins Val d'Hérens.

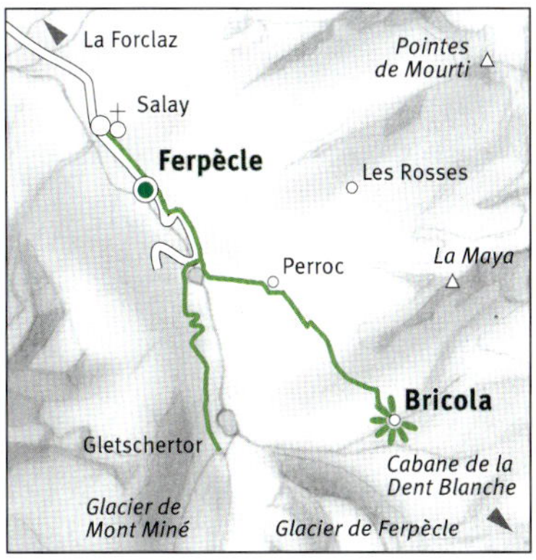

6. Etappe

Von Les Haudères/ Evolène nach Arolla

Der Lac Bleu im Val d'Arolla macht seinem Namen alle Ehre.

Nach der Alpenrosenblüte (Ende Juni/Juli) folgt die Arve.

Diese Etappe kann man auch mit dem Postauto zurücklegen, so dass sich der gesamte Matterhorntrek von neun auf acht Wandertage reduziert. Da das viele tun, sind die Wanderwege nach Arolla herrlich einsam. Zudem kann man sich hier eine gemütliche Etappe gönnen, ideal zum Auftanken und Kraftschöpfen für die anschliessend folgende Anstrengung. Während sich am alten Saumpfad von Les Haudères nach Arolla durch die schluchtartige Verengung der Borgne d'Arolla die landschaftlichen Reize eher im Verborgenen halten, trumpft der Höhenweg am westlichen Talhang mit abwechslungsreichem Augenschmaus auf. Man durchschreitet idyllische Lärchenwälder, stösst auf archaische Maiensässe, geniesst immer wieder Ausblicke über das Val d'Hérens und auf die eindrückliche Gebirgsszenerie, die am glasklaren Lac Bleu ihren Höhepunkt findet.

Wer den alten Saumpfad beschreiten möchte, der folgt von Les Haudères kurz der Strasse Richtung Arolla bis über den Bach der Borgne d'Arolla. Dort zweigt links der Talweg ab. Vorbei an den Häusern Pralovin und Baudro, geht es über dem linken Bachufer aufwärts, dann ab der Kapelle St-Barthélemy weitgehend parallel zur Hauptstrasse bis kurz nach La Gouille (1834 m), wo man nach

6. Etappe

Les Haudères/Evolène–Arolla

Achtung: Im Winter 2004/2005 hat der Abgang einer Mure den Wanderweg Evolène–Arolla beeinträchtigt. Noch laufen die Reparaturen, und wie die genaue Wegführung in Zukunft aussehen wird, ist noch ungewiss. Im Moment werden die Wanderer über die Alpage de l'Étoile (2190 m) umgeleitet, wodurch sich die ansonsten leichte Übergangsetappe zu einer durchaus fordernden Tagestour entwickelt hat: 1200 Höhenmeter im Aufstieg, 500 Höhenmeter im Abstieg, Gehzeit 6½ Std.

Routencharakter
Beschauliche Alpwege und Pfade über mehrere Maiensässe. Die westliche Talseite bietet wunderbare Ausblicke über das Val d'Hérens. Ein besonderes Idyll unterwegs ist der Lac Bleu.

Schwierigkeit
T2. Die vielen Alpwege am westlichen Talhang können mitunter verwirrend sein, so dass es sich lohnt, öfter einmal auf die Karte zu schauen.

Gehzeiten
Saumweg: Les Haudères (1436 m)–Arolla (1998 m): 3 Std.; Les Haudères–La Gouille: 1½ Std.; La Gouille–Louche Lac Bleu: 40 Min.; Louche Lac Bleu–Arolla: 1¼ Std. Gesamtzeit: 3¼ Std.
Westliche Talseite: Evolène (1371 m)–Mayens de la Niva: 2 Std.; Mayens de la Niva–Louche Lac Bleu: 2½ Std.; Louche Lac Bleu–Arolla: 1¼ Std. Gesamtzeit: 5¾ Std.

Höhendifferenz
Saumweg Les Haudères–Arolla: 600 m im Aufstieg, 51 m im Abstieg. Westliche Talseite Evolène–Arolla: 950 m im Aufstieg, 200 m im Abstieg.

Unterkünfte
Hotel-Pension du Lac Bleu, La Gouille, Telefon +41 (0)27 283 11 66, www.hotel-arolla.com. Extra-Service für Matterhorntrekker: auf Wunsch Bustransfer zur Brücke bei Arolla, dem Start der nächsten Etappe.

Karte
Landeskarte der Schweiz 1:50 000, 283 T Arolla (mit rot markierten Wanderwegen), oder 1:25 000, 1327 Evolène und 1347 Matterhorn.

Les Haudères im Val d'Hérens.

links an das andere Ufer wechselt. Vorbei an Pramousse (1837 m) wird nochmals der Bach überschritten, und über die Siedlung von La Monta (1888 m) erreicht man auf dem parallel zur Strasse verlaufenden Wanderweg Arolla (1998 m). Als reizvolle Kombination zwischen Saumweg und Höhenweg kann man von La Gouille in 40 Minuten zum Lac Bleu aufsteigen und von dort die Route über den Höhenweg fortsetzen.

Um von Les Haudères den Höhenweg an der westlichen Talseite zu erreichen, muss am nördlichen Dorfeingang das Strässchen nach Westen eingeschlagen werden. Nach der Brücke über die Borgne d'Arolla hält man sich links, steigt den Hang hinauf, quert zweimal die Strasse nach Arolla und erreicht bei den Hütten der Mayens de la Coûta (1961 m) schliesslich den Höhenweg, dem man nach links folgt.

Bei Start in Evolène nimmt man von der Kirche die Gasse, die zur Strasse nach Lana hinunterführt. Nach Überquerung der Strasse zieht sich ein Wanderweg über eine Wiese zur Brücke über die Borgne d'Arolla. Jenseits hält man sich rechts und steigt am Übungslift vorbei in den Wald. Es folgt eine lange, schattige Querung. An einer Lichtung hat man die Möglichkeit, entweder rechts über die Hütten der Mayens de la Niva oder links über La Giette (1770 m) zu wandern. Beide Wege treffen bei der Mayens de la Cretta (1895 m) wieder zusammen. Dort verlässt man den Fahrweg nach rechts und wandert durch waldige Partien und offenes Gelände in südliche Richtung zum Maiensäss von La Coûta (1961 m). Weiter gegen Süden über Les Faches zu den Felsen von Les Jouettes, wo man sich rechts hält, um schliesslich durch lichten Lärchenbestand den bezaubernden Lac Bleu (2090 m) zu erreichen. Ein Picknickplatz lädt zur ausgiebigen Rast an dieser Naturoase ein. Etwas oberhalb des südlichen Ufers setzt sich die Route nach links fort, passiert das Maiensäss von Pra Gra (2164 m) und endet in Arolla (2006 m).

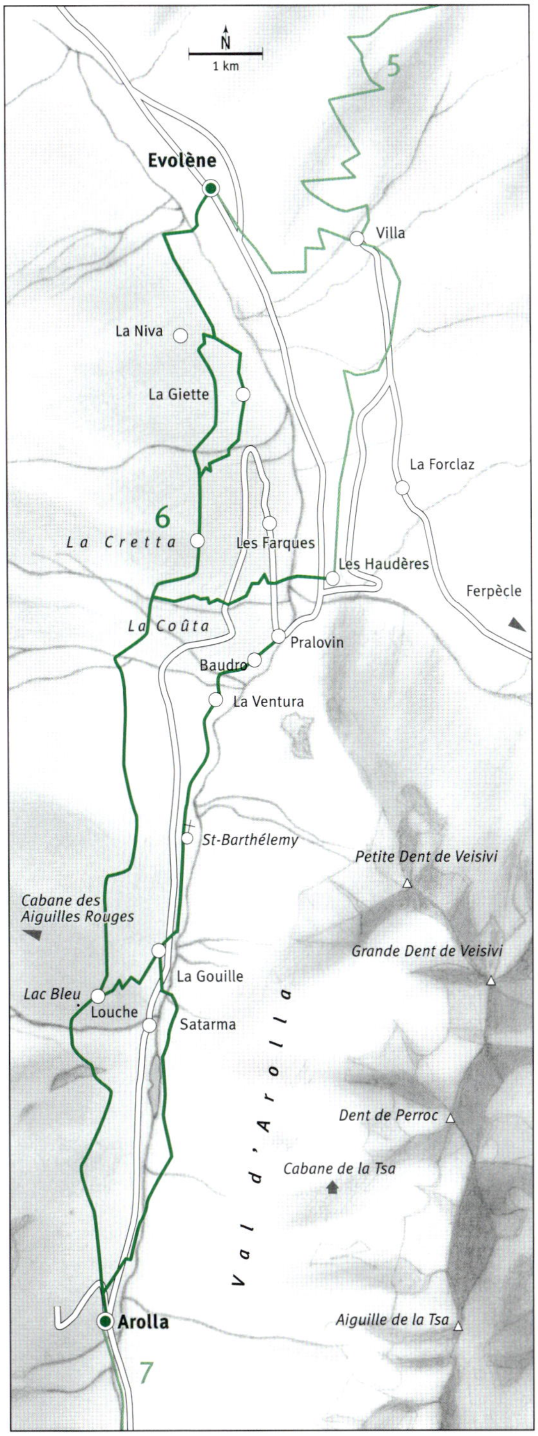

Arolla

Arolla zuhinterst im Val d'Arolla ist das oberste Dorf der Gemeinde Evolène. Die lichten Arvenwälder der Umgebung gaben Ort und Tal den Namen. Arole ist die französische Bezeichnung für die Arve. Noch bis Ende der vierziger Jahre führte keine Strasse hinauf, und das Gepäck musste in Les Haudères auf Mulis umgeladen werden. Ein prächtiger Gipfelkranz umringt den Flecken: im Osten die Aiguille de la Tsa, im Süden der Mont Collon, im Südwesten die Pigne d'Arolla und nordwestlich die Aiguilles Rouges d'Arolla – die Bergtouren, die auf diese Gipfel führen, zählen zu den schönsten der Alpen. Und so ist es nicht verwunderlich, dass sich aus dem einstigen Maiensäss Arolla ein stattliches Dorf entwickelt hat. Nicht nur Bergsteiger kommen hier auf ihre Kosten. Einige Hütten sind auch für Bergwanderer gut erreichbar und liefern einzigartige Ausblicke in eine spektakuläre Gebirgsszenerie. Während die Zustiege zur Cabane des Aiguilles Rouges und zur Cabane de la Tsa keinerlei technische Schwierigkeiten aufweisen, sind die Zustiege zur Cabane des Vignettes und zur Cabane de Bertol anspruchsvoller und setzen auch Gletschererfahrung voraus.

Die Arve

Die Arve hat sich neben der Lärche am besten an die rauhen klimatischen Bedingungen des Hochgebirges angepasst. Sie tritt fast ausschliesslich in den Zentralalpen auf und bildet die oberste Waldstufe zwischen 1700 und 2400 Meter Höhe. Ihr deutscher Name Zirbelkiefer, der sich vom Wort zerben (drehen) ableitet, weist auf eine besondere Eigenschaft des Baumes hin, die ihn unverwechselbar macht: Stamm und Äste sind in der Regel drehwüchsig. Wegen der zahlreichen, fest verwachsenen Äste, die dem Holz eine besondere Zeichnung verleihen, ist die Arve zur Herstellung von Möbeln und zum Chaletbau sehr begehrt. Darunter hat der Bestand stark gelitten, so dass manche Gebiete unter Naturschutz gestellt werden mussten.

Die Arve wächst sehr langsam, kompensiert dies aber durch ihr hohes Alter. Ein nur drei bis vier Meter hoher Baum kann bereits ein Alter von sechzig bis achtzig Jahren aufweisen. Viele Arven sind mehrere Hundert Jahre alt. Die extreme Widerstandskraft des Baums ist vor allem auch auf sein Harz zurückzuführen. Wird die Rinde durch äus-

Die Dent Blanche beherrscht den Talschluss des Val d'Hérens.

sere Einflüsse verletzt, hält das Harz Schädlinge, wie Pilze oder Insekten, davon ab, dem Baum zusätzlich Schaden zuzufügen. Die Arve blüht im Juli, dann sind die zwischen den langen Arvennadeln gut geschützten rötlichen Blütenkätzchen voll gelbem Pollen. Nahezu ein Jahr dauert es, bis sich aus ihnen faustgrosse Arvenzapfen entwickelt haben. Wer sucht, findet unter den Schuppen kleine Arvennüsschen. Entfernt man ihre harte Schale, kommt ein wohlschmeckender Kern zu Tage, der im Geschmack an Pinienkerne erinnert. Der Wind, der normalerweise für die Verbreitung der Samen (Nüsschen) sorgt, stösst bei der Arve auf ein Problem. Sowohl Zapfen wie auch Nüsschen sind ihm zu schwer. Doch wie erfinderisch ist doch die Natur, dass sie einen Vogel wie den Tannenhäher erschuf, einen weiss-braun gesprenkelten Flitzer mit spitzem Schnabel, wie geschaffen zum Nüsseknacken. Der Tannenhäher (Nucifraga caryocatactes, im Walliser Dialekt «Zäpfuräggi») steht auf Arvennüsschen. Er ernährt sich praktisch das ganze Jahr von ihnen. Und damit das möglich ist, legt er Verstecke an, die er auch bei ärgstem Schneetreiben wiederfindet. Da sein Instinkt ihm gebietet, sich stets auf einen harten Winter vorzubereiten, braucht er in milderen Zeiten nicht die ganze Menge seiner Vorräte auf, und so können die zurückgelassenen Nüsschen zu jungen Arven auskeimen.

Information

Office du Tourisme Arolla, Telefon +41 (0)27 283 30 28, Fax (0)27 283 30 38, accueil-arolla@evolene-region.ch.

Unterkünfte

Hotel du Pigne d'Arolla, Telefon +41 (0)27 283 11 65;
Grand Hotel Kurhaus, Telefon +41 (0)27 283 11 61;
Hotel du Mont Collon, Telefon +41 (0)27 283 11 91;
Hotel du Glacier, Telefon +41 (0)27 283 12 18;
Hotel Aiguille de la Tza, Telefon +41 (0)27 283 14 06;
Chalet du Centre alpin, Telefon +41 (0)27 283 19 09.

Nach dem letzten Schnee überzieht ein Meer von Krokussen die Alpen im Val d'Arolla.

Hüttenabstecher

Arolla–Cabane des Aiguilles Rouges (2810 m, Juli bis Mitte September, Telefon +41 [0]27 283 16 49 oder [0]79 362 55 88): 2½ Std.
Arolla–Cabane de la Tsa (2607 m, Ende Juni bis Anfang September, Telefon +41 [0]27 283 18 68): 2 Std.
Arolla–Cabane des Vignettes (3158 m, Juni bis September, Telefon +41 [0]27 283 13 22): 3½ Std.
Arolla–Plan de Bertol–Cabane de Bertol (3311 m, Juli bis September, Telefon +41 [0]27 283 19 29 oder [0]79 785 65 15): 4½ Std.

Ist der Kirchturm von Les Haudères etwa schief?

7. Etappe

Von Arolla nach Praz Raye

Eine anspruchsvolle Hochgebirgstour sorgt für Abwechslung und etwas Nervenkitzel. Bei schönem Wetter und wenn die Markierungsstangen nicht weggefegt, umgeschmissen oder vom Gletscher verschluckt sind, stellt die Überschreitung des Glacier d'Arolla keine besonderen Schwierigkeiten dar. Doch ein Gletscher birgt immer Tücken, und man sollte ihn stets angeseilt betreten. Fehlen Erfahrung und Gletscherausrüstung, ist es besser, sich einem Bergführer anzuvertrauen. Mit dem Gletscherpass des Col Collon wird gleichzeitig auch der Hauptkamm der Penninischen Alpen überquert und die Füsse auf italienischen Boden gesetzt. Über rauhe Gebirgsflanken nähert man sich dem Valpelline, einem Seitenarm des Aostatals.

Vom Parkplatz (2000 m) am Südende von Arolla folgt man dem Fahrweg taleinwärts. Über eine Brücke (2092 m) wechselt man das Ufer der Borgne d'Arolla und steigt in Kehren am östlichen Moränenrand des Glacier d'Arolla hinauf zu den Resten von Wasserfassungsbauten. Bei der Weggabelung nach dem Torrent de Bertol hält man sich links Richtung Cabane de Bertol und folgt gegen Osten dem steilen Serpentinenpfad auf das Aussichtsplateau Plans de Bertol (2700 m). Eindrucksvoll präsentieren sich im Süden die Eisflanken des

Im Aufstieg zum Glacier d'Arolla fällt der Blick auf die Eisflanken des Mont Collon.

Der Gletscherübergang des Col Collon sollte nur bei guten Wetterverhältnissen begangen werden.

7. Etappe
Arolla–Col Collon–Praz Raye (Prarayer)

Routencharakter
Abwechslungsreiche Hochgebirgstour durch eine wilde und einsame Gegend. Aufregende Gletscherszenerien begleiten den ersten Teil der Route.

Schwierigkeit
T5. Anspruchsvolle Wegführung durch kombiniertes Gelände. Wegen der Gletscherüberquerung sollte diese Etappe nur bei guten Wetterverhältnissen begangen werden. Sonst nur mit Bergführer! Der Abstieg vom Col Collon ist zwar eisfrei, führt aber durch felsdurchsetztes Gelände, das sehr gute Trittsicherheit verlangt. Eine heikle Passage im Abstieg zur Comba d'Oren ist mit Ketten entschärft.

Gehzeiten
Gesamtzeit: 7½–8 Std.
Arolla–Plan de Bertol (2700 m)–Col Collon (3082 m): 5 Std.
Col Collon–Refuge du Col Collon (2818 m): 40 Min.
Refuge du Col Collon–Praz Raye (Prarayer, 2010 m): 2 Std.

Höhendifferenz
1282 m im Aufstieg, 1272 m im Abstieg.

Unterkünfte
Rifugio Nacamuli Collon (2818 m), bewartet Mitte Juni bis Mitte September, Telefon +39 0165 730047 oder 730 969, www.rifugionacamuli.it. Refuge-Auberge Prarayer (2010 m), April bis September, Telefon 0165 73 00 40 oder 0165 73 09 22, www.rifugio-prarayer.it.

Karte
Landeskarte der Schweiz, 1:50 000, 283 T Arolla (mit rot markierten Wanderwegen) sowie 293 Valpelline; 1:25 000, 1347 Matterhorn (allerdings fehlt hier ein kurzer letzter Abschnitt).

Mont Collon, die schon beim Aufstieg in Staunen versetzt haben. Scharfe Augen können in der dunklen Felswand der Dents de Bertol im Osten die Cabane de Bertol ausmachen, die dort wie ein Adlerhorst thront. Nach rechts quert ein Wanderweg über Moränenschutt zum Haut Glacier d'Arolla. Obwohl der Gletscher flach ist, bedarf seine Traversierung höchster Aufmerksamkeit, da er nicht spaltenfrei ist. Anseilen ist Pflicht! In der Regel ist die Route mit weiss-blau-weissen Stangen gut markiert, doch Unwetter und Gletscherbewegung können in die Markierung mitunter Lücken reissen. Zunächst wird in der Gletschermitte aufgestiegen,

Der Grosse Sankt-Bernhard-Pass mit Hospiz.

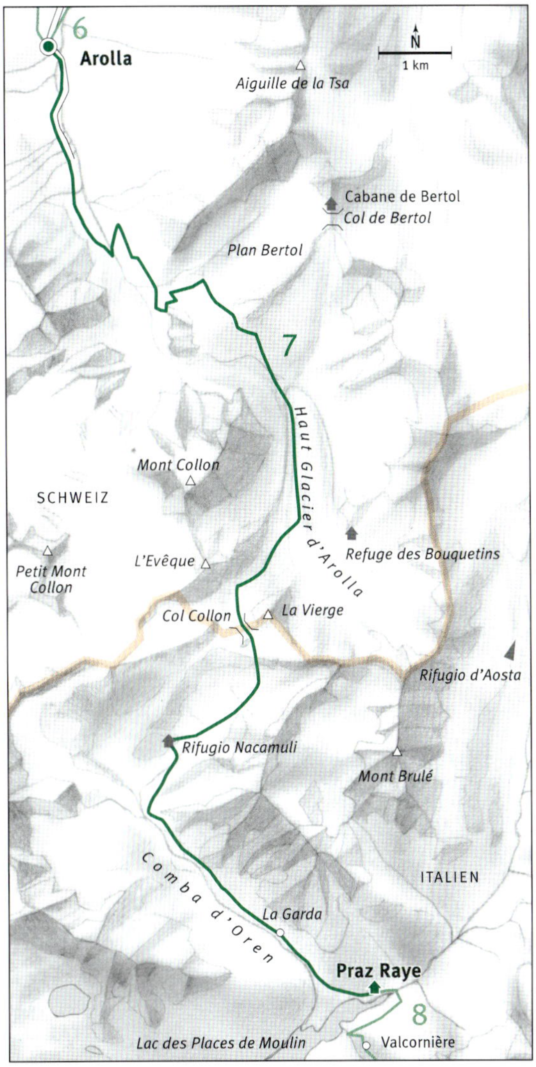

dann hält man sich etwas südlich gegen einen markanten Felssporn der La Vierge. Bei etwa 2920 Meter muss nach rechts den Spalten ausgewichen werden. Danach geht es flach in den südöstlich liegenden Col Collon (3082 m).

Hier befindet man sich auf dem Hauptkamm der Penninischen Alpen, deren Bezeichnung auf die örtliche Gottheit Penn zurückzuführen ist, die vor allem während der Eisenzeit verehrt wurde. Mit der Überschreitung des Col Collon wird zugleich auch die Wasserscheide zwischen Rhone und Po überschritten. Die Route setzt sich nun auf italienischem Boden fort. Das Plateau wird gegen Süden gequert, dann geht es über eine Felsstufe steil hinunter und auf einem Geröllpfad zum schon länger sichtbaren Rifugio Nacamuli Collon (Refuge du Col Collon, 2818 m). Das alte Rifugio del Col Collon neben dem Neubau dient als Winterraum. Auf dem Hüttenweg steigt man weiter ab. Mit Hilfe von mehreren Ketten wird eine Steilstufe überwunden, und der Pfad geht nun flacher durch die Comba d'Oren (2520 m). Nach den Alpen La Garda (2211 m) und Oren (2161 m) hält man links hinunter zum Bach und jenseits gegen Osten dem Hang über dem Stausee Lago des Places de Moulin entlang zum rustikalen Refuge Prarayer (2010 m) im Talschluss des Valpelline.

Die italienische Seite

Beim Blick auf die Landkarte könnte man meinen, der Mentalitätsunterschied zwischen Italien und der Schweiz sei der Geografie entsprungen. Da ordnen sich auf Schweizer Seite die Walliser Täler nahezu parallel, gehen im rechten Winkel vom Rhonetal ab, während sich auf italienischer Seite ein Gewirr von Furchen zeigt, deren verästelte Wasserläufe sich schliesslich in der Dora Baltea, dem Hauptfluss der Provinz Aosta, vereinen. Von den fünf grossen Tälern, die von der Penninischen Kette zur Dora Baltea streben, berührt der Matterhorntrek die Talschlüsse des Valpelline und des Valtournenche. Während sich Letzteres durch seine Lage am Fuss des Matterhorns seiner Bestimmung nicht entziehen konnte und sich mit Breuil-Cervinia eine blühende Fremdenverkehrsmetropole entwickelt hat, blieb das Valpelline lange Zeit völlig unberührt, und auch heute, dank dem Bau eines Stausees längst mit einer guten Strasse versehen, wird das Tal kaum touristisch genutzt. Beide Täler werden von der Bergkette, die von der Dent d'Hérens (4171 m) über Les Jumeaux (3876 m) zur Becca di Luseney (3502 m) abfällt, getrennt.

Die Provinz Aosta ist mit 3262 Quadratkilometern die kleinste Region Italiens und verzeichnet auch die niedrigste Einwohnerzahl. Die ersten menschlichen Zeugnisse sind auf die Kelten, den Stamm der Salasser, zurückzuführen. Dann kamen die Römer, besiegten die Salasser und hinterliessen ein reiches Erbe an Burgen, Festungen und Wegen. Sie gründeten im Jahr 25 vor Christus Augusta Pretoria, die heutige Hauptstadt Aosta, das damals das

am dichtesten bewohnte Feldlager der Alpen war. Burgunder, Goten, Byzantiner und Franken folgten und rangen um die Herrschaft. Auch die Araber, die man Sarazenen nannte, kamen und hielten im 10. Jahrhundert nicht nur das Aostatal, sondern auch das Wallis mit ihren Raubzügen in Atem. Burgen wurden befestigt, Wachtürme gebaut, die sich später auf beiden Seiten des Alpenkamms teilweise zu sehenswerten Schlössern und Herrensitzen entwickelten, so etwa Challant, Bard, Montjovet und Avise auf valdostanischem Boden oder die Bergfriede von Batiaz (oberhalb Martigny), Saillon und

Saxon auf Walliser Seite. Bernhard von Menthon, ein Priester, der dem Klerus der Kathedrale von Aosta angehörte, wollte den Raubzügen ein Ende setzen und veranlasste einen Angriff auf die Eindringlinge. Er sammelte auch für den Bau eines Hospizes, das im Jahre 1049 auf dem Grossen-Sankt-Bernhard-Pass fertiggestellt wurde und den Reisenden und Pilgern sowohl Herberge wie auch Besinnungsstätte sein sollte. Bergführer wurden eingesetzt, um diese sicher über den Pass zu führen, Hunde, die berühmten Bernhardiner, um Verirrte aufzuspüren. Seither wird Bernhard von Menthon

Im Sommer sind die Täler der Penninischen Alpen nicht selten in Dunst gehüllt. Doch der Matterhorntrek bewegt sich über den Dunstwolken Italiens.

Eine Karnevalsgruppe der Coumba Freida im Valpelline.

als Schutzpatron der Alpinisten verehrt. Eines seiner Denkmäler war bereits auf der zweiten Etappe am Grat oberhalb von Grächen zu bewundern.

Ab dem 11. Jahrhundert erhoben die Savoier Anspruch auf das Aostatal. Mit einem Freibrief aus dem Jahr 1191 sicherten sie der Provinz erstmals eine politische Selbstverwaltung mit eigenen Gesetzen zu, da sie sich bewusst waren, wie schwierig dieses unzugängliche und in viele kleine Lehen unterteilte Gebiet zu beherrschen sein würde. Auch nach der Bildung des Königreichs Italien konnte durch ein Sonderstatut die Provinz weiterhin eine besondere Autonomie beibehalten.

Valpelline und Valtournenche

Von all dem Gerangel um die Herrschaft haben die Bewohner der abgeschiedenen Bergtäler kaum etwas mitbekommen. Sie zogen die Höhen der Ebene vor, tauschten, was es zu handeln gab, mit den Nachbardörfern und -tälern aus und blieben weitgehend unter sich. Durch den engen Kontakt, den sie zu den Seitentälern des Unterwallis unterhielten, haben sich Gebräuche, Sitten und auch der Dialekt vermischt. Der vergletscherte Col Collon war zu den wärmeren Zeiten des Mittelalters leichter begehbar und einer der vielbenützten Übergänge, sogar Kühe trieb man darüber. Mit der Erschliessung durch moderne Verkehrsmittel hat sich das natürlich längst verändert. Dank einer gut ausgebauten Strasse über den Grossen Sankt Bernhard ist das Aostatal direkt mit der Schweiz verbunden. Geblieben ist eine wilde und einsame Landschaft an den Passübergängen, die man mitunter auch Fenêtres (Fenster) nennt und die nur noch ein paar Alpinisten und Weitwanderer begehen.

Da in diesem Teil Italiens in den Schulen neben Italienisch auch Französisch unterrichtet wird, kommt der Tourist mit Französischkenntnissen hier ganz gut zurecht. Das Valpelline ist bekannt für seine Vielfalt an folkloristischen Veranstaltungen und religiösen Prozessionen. Besonders intensiv wird der Karneval «Coumba Freida» gefeiert. Aussergewöhnlich sind die farbenprächtigen Kostüme, voll behangen mit Schmuck und kleinen Spiegeln. Der Durchzug Napoleons im Mai 1800 über den Grossen Sankt Bernhard hat deutlichen Einfluss auf die Kostüme ausgeübt, denn seither erinnern sie an Uniformen französischer Soldaten.

Die valdostanische Küche

Kulinarisch sind die Täler von bäuerlicher Kost geprägt, die heute allerdings einen veränderten Stellenwert hat: Die ursprüngliche Arme-Leute-Küche gilt heute als Delikatesse. Unter den Käsesorten steht der Fontinakäse an oberster Stelle. Strenge Qualitätskriterien schützen das bereits im Jahr 1270 urkundlich erwähnte Produkt. So darf der Käse ausschliesslich aus der Milch einheimischer Kühe gewonnen werden. Die Milch wird, ohne dass sie Transport und Pasteurisation erleiden muss, direkt vor Ort verarbeitet. Die Mindestreifezeit der grossen Käselaibe beträgt drei Monate, gelagert in der Kühle natürlicher Höhlen. Wegen sei-

Hausgemachte Fleischwaren und Polenta gehören zu den Spezialitäten der valdostanischen Küche.

ner schmelzenden Konsistenz wird er gerne für Fondue eingesetzt. Er macht aber auch viele andere Gerichte zu einem üppigen Gedicht: Gnocchi, Polenta und Suppen, wie beispielsweise die «Seupa à la Valpellinentza», ein Zwischending zwischen Suppe und Auflauf mit Schichten aus Wirsing, Brot und Fontina, der am letzten Julisonntag sogar ein ganzes Fest gewidmet ist.

Das Abfallprodukt der Fontinaherstellung, der aus der Molke gewonnene Seirass, ist ein köstlicher, leicht säuerlich schmeckender Frischkäse, der häufig auch als Süssspeise aufgetischt wird.

In abgelegenen Bergregionen hat die Konservierung schon immer eine wichtige Rolle gespielt. Da das Fleisch lange haltbar sein musste, haben die Aostataler sich zu regelrechten Wurstmacherkünstlern entwickelt. Ob Speck, Würste oder Schinken, es geben vor allem die speziellen Kräutermischungen, meist jahrhundertealte Familienrezepte, den Produkten einen unvergleichlichen Geschmack.

Ähnlich dem Walliser Brot ist auch das «Pane Nero Valdostano» ein schweres, schmackhaftes Schwarzbrot. Früher wurde es nur alle sechs Monate gebacken und auf speziell dafür konstruierten Holzgittern, den *ratele*, auf dem Getreidespeicher oder Dachboden aufbewahrt.

Nach wie vor hat das Sammeln und Anbauen von Kräutern einen grossen Stellenwert. Sie finden nicht nur in der Pflanzenheilkunde Verwendung, sondern werden auch gerne in der Küche genutzt – zum Einlegen und Würzen, für Saucen und für Liköre: Wacholder, Enzian, Kümmel, Rosmarin, Salbei, Bohnenkraut und Thymian, um nur einige wenige zu nennen. Kaum wegzudenken aus dem Haushalt einer valdostanischen Bergfamilie ist der Genepi, ein kräftiger Kräuterlikör, der aus der Schwarzen Edelraute (Artemisia) gewonnen wird, die nur in grossen Höhen wächst. So ein Fläschchen in den Rucksack gepackt, kann, nach einem kräftigen Schluck, bei Kälte oder Motivationsschwund ungeheuer beleben. Wem das Getränk zu süss ist, kann auf Grappa ausweichen, dessen Destillierkunst im Aostatal lange Tradition hat.

Auch das Sammeln von Himbeeren und Blaubeeren, die in Kuchen und Desserts Verwendung finden, wird unter den Bergbewohnern gerne gepflegt, ebenso das Pflücken des wilden Spinats (Guter Heinrich), der vielerorts wie Unkraut wuchert. Das aromatische Wildgemüse eignet sich für Spinatgnocchi, Bauernomeletts und Aufläufe, Suppen und Füllungen. (Buchtipps: Hartmut Engel und Iris Kürschner: Essbare Wildpflanzen, Conrad Stein Verlag; François Couplan: Wildpflanzen für die Küche, AT Verlag; Jean-Marie Dumaine: Meine Wildpflanzenküche, AT Verlag, Gisula Tscharner: Hexentrank und Wiesenschmaus, AT Verlag.)

Die Geselligkeit liebenden Einheimischen lassen das Essen gerne mit einem Freundschaftstrunk ausklingen. Die «Coppa dell'amicizia» ist ein spezielles Trinkgefäss mit mehreren Tüllen, dessen Inhalt (Espresso, Grappa, Zucker, Orangenschale, Wacholderbeeren) direkt am Tisch flambiert wird, um es dann in der Runde herumzureichen.

Die Weinbautradition geht bis in die vorrömische Zeit zurück und bringt eine grosse Auswahl an Rebsäften hervor. Unter den traditionellen weissen Sorten stehen der Blanc de Morgex, der Muscat de Chambave, der Pinot Gris (bzw. Malvoisie) sowie der Prié Blanc an erster Stelle; zu den roten zählen der Petit Rouge, der Nebbiolo (bzw. Picotender), der Vien de Nus, der Fumin, der Mayolet und der Prié Rouge sowie die wiederentdeckten alten Rebsorten Premetta, Cornalin, Muscat Rouge und Gros Vien.

Information

Azienda di Promozione Turistica, Piazza Chanoux 8, I-11100 Aosta, Telefon +39 0165 23 66 27, uit-aosta@regione.vda.it, www.regione.vda.it.

8. Etappe

Von Praz Raye nach Breuil-Cervinia

Ein mäandrierender Bach im Valpelline.

8. Etappe

Praz Raye–Col di Valcornera–Fenêtre de Tsignanaz–Breuil-Cervinia

Routencharakter
Spannende Hochgebirgstour, die in der ersten Hälfte durch eine von der Zivilisation unberührte Gegend führt. Neben herrlichen Tiefblicken ins Valpelline und Valtournenche taucht im letzten Abschnitt der Tour endlich auch wieder das Matterhorn auf, gewaltig und nah, kaum erkennbar als das Postkartenmotiv von der Zermatter Seite, und doch ist es derselbe Berg.

Schwierigkeit
T5. Die anspruchvollste Etappe des Matterhorntreks wartet mit zwei Pässen auf: Den Col di Valcornera zu meistern fordert alles an Kondition und Trittsicherheit. Die Route ist mit Steinmännchen gut markiert, jedoch kann Nebel die Wegfindung erschweren. Zwei heikle Passagen im exponierten Aufstieg sind mit Eisentritten, Ketten und einer Leiter entschärft. Für die kurze Steilstufe zu Beginn des Passabstiegs ist ein Seil zur Sicherung von Vorteil. Auch muss im oberen Bereich mit Altschneefeldern gerechnet werden. Der zweite Pass, das Fenêtre de Tsignanaz, ist dann nur noch ein Klacks und als regelrecht gemütlich einzustufen.

Gehzeiten
Gesamtzeit: 9–10 Std.
Praz Raye (2010 m)–Col de Valcournera (3072 m): 4 Std.
Col de Valcournera–Fenêtre de Tsignanaz (2445 m): 2½ Std.
Fenêtre de Tsignanaz (2445 m)–Breuil (2006 m): 2 Std.

Höhendifferenz
1307 m im Aufstieg, 1311 m im Abstieg.

Abkürzung
Busverbindung Perrières–Breuil.

Bergführer
Società delle Guide di Valpelline im Tourismusbüro (Ufficio Turistico) von Valpelline, Telefon +39 0165 71 35 02.
Alberto Cherazau, Präsident der Association des Guides de la Valpelline, Telefon +39 0165 71 38 08.

Unterkünfte
Refuge Perucca et Vuillermoz (2900 m), bewartet Juli/August, Telefon +39 0166 94 81 69 (in Leserbriefen erhielt diese Hütte allerdings schlechte Noten).
Notunterkunft: Bivacco Manenti (2790 m); Rifugio Barmasse, nur wenig abseits der Route am südlichen Ufer des Lago de Tsignanaz (Lago di Cignana) (2200 m), bewartet Mitte Juni bis Anfang September, Telefon +39 0368 21 73 65.
Hotel Carrel in Avuil (ca. 1 km vor Breuil-Cervinia), Telefon 0166 94 90 77.

Karte
Landeskarte der Schweiz, 1:50 000, 283 T Arolla (mit rot markierten Wanderwegen) und 293 Valpelline

Diese Etappe ist die anspruchsvollste der Runde, sie führt durch eine sehr wilde, verlassene Gegend fernab von Zivilisation. Der Aufstieg zum Col di Valcornera ist lang und teilweise sehr steil, er verlangt beste Trittsicherheit und Kondition. Vor allem der Abstieg über eine Steilstufe und durch Altschneefelder, die vereist sein können, ist heikel. Deshalb sollte man nicht zu früh in der Saison starten. Die Anstrengung wird mit herrlichen Landschaftseindrücken belohnt: Wasserfälle, Seen, Steinbockkolonien und grandiose Ausblicke, zuletzt auf die Südwand des Monte Cervino – das Matterhorn, wie man es so gar nicht kennt.

Vom Refuge Prarayer führt die gelbe Markierung Weg Nr. 3 zum Bach hinunter. Nach der Brücke nimmt man rechts den Waldweg, der sich oberhalb des Stausees entlangzieht, verlässt ihn aber schon an der nächsten Abzweigung nach links. Gegen Süden wird nun zur Alpe de Valcournera (auch Valcornière, 2166 m) aufgestiegen. Von dort geht es durch das enge Tal der Combe de Valcournera stets am östlichen Bachufer entlang bis in den Kessel von Chardonney, wo ein mit Steinmännchen gekennzeichneter Pfad sich steil nach Osten hochzieht. In Serpentinen windet er sich über Schrofen und felsige Aufschwünge. Zwei heikle Stellen sind dabei mit einer Leiter, mit Ketten und Tritten gesichert. Ist eine Mulde erreicht, setzt sich der Weg über Blockwerk fort. Zuletzt kämpft man sich einen steilen und instabilen Schutthang (rutschig, Steinschlag!) auf die Passhöhe des Col di Valcornera bzw. Col de Valcornière (3072 m) hoch. Da bietet sich dann ein herrlicher Blick auf rauhe Bergzacken, zu deren Füssen die Seen Lago del Dragone und Gran Lago in prächtigem Türkis leuchten.

Beim Abstieg sind die ersten zwanzig Meter extrem abschüssig, beinahe senkrecht. Dann muss der rechte Hang über Firnfelder traversiert werden, die dort meist den ganzen Sommer über vorhanden sind. Man folgt dem Bergrücken, der sich

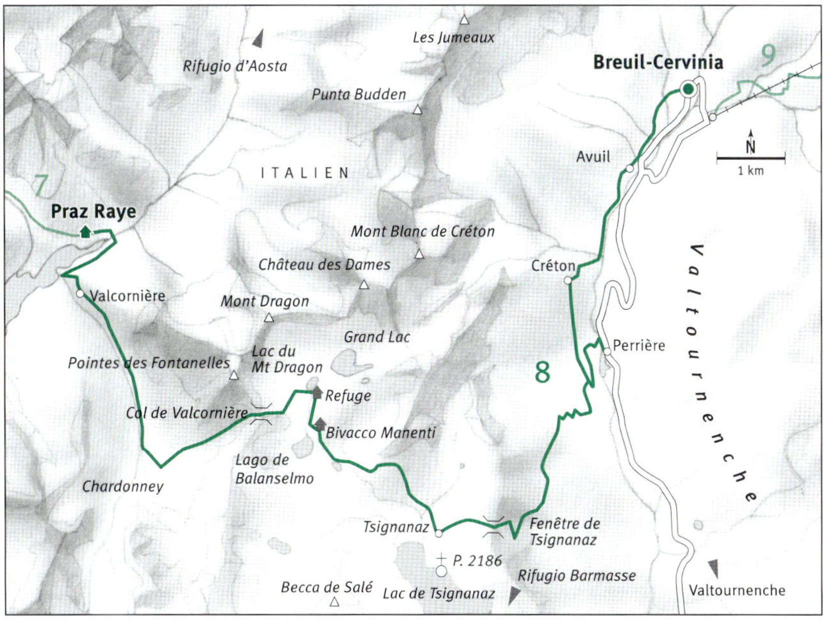

nach Osten zum Lago del Dragone (Lac du Mont Dragon) zieht. Noch vor dem See wendet man sich nach rechts und gelangt über einen Plattenweg zum Rifugio Perucca-Vuillermoz (2850 m). Die Hütte ist sechs Bergsteigern gewidmet, die 1985 am Lyskamm im Monte-Rosa-Massiv abgestürzt sind.

Auf dem Wanderweg Nr. 3 steigt man nun nach Süden zur roten Blechschachtel des Bivacco Manenti (2804 m) ab. Rechts unterhalb liegt verträumt der Lago de Balanselmo. Zahlreiche Steinböcke halten sich gerne in dem steinigen Gelände auf und lassen sich gut beobachten. Unter der Biwakschachtel wird ein Felsriegel mit gischtsprühendem Wasserfall gequert. In ausladenden Serpentinen windet sich der Pfad weiter den Hang hinunter. Nach Überquerung des Torrent de Tsignanaz folgt eine Geländeterrasse, dann ein Felsriegel mit zwei kettengesicherten luftigen Passagen. Danach läuft sich's ganz bequem entlang von Wiesenhängen zur Alp Tsignanaz (auch Alpe di Cignana genannt, 2306 m). Ein hübsches Bild gibt dort der grosse Stausee ab, an dessen Ufer eine kleine Kapelle steht. Von der Alp wird nun nach links der zweite Pass in Angriff genommen, im Vergleich zum Col di Valcornera ein Kinderspiel. Über Wiesen wandelt man in mässigem Anstieg zum Fenêtre de Tsignanaz (2445 m). Das grüne Tal von Valtournenche liegt nun den Wanderern zu Füssen. Auf einem aussichtsreichen Höhenweg quert man es nach Norden gegen den Talschluss, und bald taucht auch schon das Matterhorn auf. Hinter der Alp Monteau (2223 m) biegt man nach rechts und erreicht über die Alp Créton den Talboden bei Perrière, von wo Busse ins zwei Kilometer entfernte Breuil verkehren. Der Wanderweg hingegen hält sich links des Torrent Marmore und strebt über Avuil und Les Morces (2016 m) dem weithin sichtbaren Tourismuszentrum von Breuil-Cervinia (2006 m) zu.

Der Steinbock

Wie das Matterhorn und das Edelweiss ist auch der Steinbock ein Symbol für den Alpenraum. Angesichts seines massigen Leibes und seiner gedrungenen Gestalt ist es fast verwunderlich, dass es sich hier um einen Extrembergsteiger handelt. Jeder

Der Abstieg vom Col di Valcornera ist das heikelste Stück der ganzen Tour (links).
Weiter unten gegen die Alp Tsignanaz stürzen sich munter Wasserfälle von zahlreichen Felsstufen (rechts).

Das Bivacco Manenti dient als Notunterkunft.

Das oberhalb gelegene Rifugio Perucca-Vuillermoz bietet schon etwas mehr Komfort.

Berggänger weiss um den Wert guter Schuhe für einen trittsicheren Gang durchs Gebirge. Die Natur hat dem Steinbock gleich eine Spezialanfertigung verpasst, die ihm auch minimalste Felsunebenheiten noch zu nutzen erlaubt. Aussen von hartem Horn geschützt, ermöglichen weiche Laufflächen im Inneren seiner Hufe eine optimale Anpassung an das steinige Gelände. Steinböcke sind echte Machos und bleiben am liebsten unter sich. Ihre Rudel sind strikt nach Geschlechtern getrennt. Gerne liegen sie in der Sonne, um zu dösen, und lassen dabei Wanderer auch schon mal ganz nah an sich herankommen. Doch welch ein Bild, wenn sie ihre Rivalenkämpfe austragen, mit denen sie ihre Rangordnung festlegen. Dann ist aus dem behäbigen, gemütlich wirkenden Tier, das bis zu 140 Kilogramm auf die Waage bringen kann, ein gewandter Kämpfer geworden, der gezielt seine gewaltigen Hörner einzusetzen weiss. Erst zur Brunftzeit im Dezember und Januar suchen sie die Nähe der kleineren, scheueren Geissen. Während sich das Leben der Rudel im Winter und Frühjahr nicht weit von der Waldgrenze abspielt, wo sie sich von Flechten und Moosen ernähren, steigen sie im Sommer, wenn die Kitze das Licht der Welt erblicken, in höhere Regionen auf, wo sich die Wiederkäuer Gräser und Kräuter suchen.

Die gebogenen und gerippten Hörner der Böcke können bis zu einem Meter lang und 15 Kilogramm schwer werden, die des Weibchens nicht länger als 25 Zentimeter. An ihren Jahresringen kann man das Alter der Tiere bestimmen, jährlich kommen ein bis zwei Hornknoten hinzu. Weil die Hörner als magische Jagdtrophäe galten, schafften es Jäger, die bis ins 15. Jahrhundert noch im gesamten Alpenraum vorkommende Art bis auf wenige Tiere im Gran-Paradiso-Massiv auszurotten. Erst durch das gezielte Aussetzen von Jungtieren und das Einrichten von Jagdbanngebieten konnte sich die Tierwelt wieder erholen.

Der Steinbock (Capra hircus ibex) ist ein Paarhufer und zählt zur Familie der Hohlhörner.

Breuil-Cervinia

Die Entwicklung von Breuil-Cervinia im Talschluss des Valtournenche hat immer etwas im Schatten von Zermatt gestanden. Die Schokoladenseite des Matterhorns zog Touristen aus aller Welt an, und während dort schon die Hotellerie blühte, war Breuil bis in die dreissiger Jahre noch ein winziger Weiler für extravagante Sommerfrischler, mit nur zwei Hotels, dem Hotel Jumeaux und dem Grand Hotel Mont Cervin. Als dann 1934 eine erste Strasse gebaut wurde, explodierte der Bauboom und führte zu mancher architektonischen Sünde. Lifte und Seilbahnen entstanden und gebaren das Wintersportzentrum Cervinia. Doch um richtig wahrgenommen zu werden, musste mit viel Aufwand die Werbetrommel gerührt werden, während in Zermatt das Geschäft wie von selbst zu laufen schien. Erst durch den Zusammenschluss beider Wintersportgebiete zu einem gigantischen Skizirkus hat sich das geändert.

Um die Jahrhundertwende erhitzten ehrgeizige Pläne zur Erschliessung des Matterhorns per Bahn die Gemüter in Zermatt. Während dort das

Projekt durch den massiven Protest von Organisationen und Bevölkerung scheiterte, wurde es in Breuil-Cervinia zumindest teilweise realisiert. 1951 baute man eine Luftseilbahn von Plan Maison auf den 3500 Meter hohen Furggrat. Damals eine grosse Sensation, die viele prominente Gäste anzog. Doch als dann das eigentliche Bauvorhaben, nämlich die Fortführung der Bahn zum Gipfel des Matterhorns, publik wurde, stellte sich auch hier das entrüstete Volk dagegen, und das Unternehmen wurde eingestellt. Die Furggbahn musste 1994 ihren Betrieb aufgeben, da der Gletscherrückgang Skiabfahrten vereitelte. Noch heute erinnern die Stationsruinen an den Wahn der Vermarktung.

Information
Office du Tourisme de Breuil-Cervinia,
Telefon +39 0166 94 91 36
breuil-cervinia@montecervino.it, www.montecervino.it.

Bergführer
Società Guide del Cervino, Telefon +39 0166 94 81 69,
info@guidedelcervino.com,
www.guidedelcervino.com.

Öffentliche Verkehrsmittel
Busverbindungen über Valtournenche nach Châtillon (Bahnlinie Torino–Aosta), Auskünfte Telefon +39 0166 94 91 36.

Unterkünfte
Die Auswahl an Hotels ist gross. Empfehlenswert, weil meist ruhig gelegen, sind: Hotel Lac Bleu kurz vor Breuil-Cervinia (die Nordzimmer mit Matterhornblick),
Telefon +39 0166 949 103;
Hotel Lyskamm, Telefon +39 0166 94 90 74;
Hotel Jumeaux, Telefon +39 0166 94 90 44;
Hotel Gorret, Telefon +39 0166 94 91 33;
Hotel Meynet, Telefon +39 0166 94 86 96;
Hotel Cime Bianche, in La Vieille, eine halbe Stunde oberhalb von Breuil, Telefon +39 0166 94 90 46.

Museum
Im Bergführerhaus (Casa delle Guide) ist eine kleine, dem Matterhorn gewidmete Sammlung zu besichtigen.

Schlechtwettertipp
Schwimmbad und Sauna in der Strada del Giomein, geöffnet 11–20.30 Uhr, Mittwoch geschlossen, Telefon +39 0166 94 92 71, sowie im Cristallino in der Strada del Piolet, geöffnet 15.30–19.30 Uhr, Telefon +39 0166 94 34 11.

Im Talschluss des Valtournenche erhebt sich das Matterhorn als Monte Cervino.

9. Etappe

Von Breuil-Cervinia nach Zermatt

Dass der Wintertourismus tiefe Wunden hinterlässt, wird einem auf dieser Etappe wieder einmal nur zu deutlich bewusst gemacht, und so ist der Aufstieg zum Theodulpass im Nahblick nicht gerade als schön zu bezeichnen. Daher empfiehlt sich, das zähe Stück mit der Seilbahn zur Station Plan Maison (2548 m) abzukürzen. Ab der Bergstation lenkt das Matterhorn vom Skiareal ab. Es präsentiert sich zum Greifen nah und lässt staunen, seine breite Südfront ein Labyrinth aus Pfeilern, Kanten und Couloirs. Dem Wanderer bleibt es als Wegbegleiter bis Zermatt fast ständig erhalten. Faszinierend dabei der Wandel seiner Gestalt im Laufe der Route vom massigen Felskoloss zurück zur scharf zugespitzten Pyramide, deren Eleganz alle Welt bewundert. Der Weitblick über das Valtournenche und die italienischen Alpen wird ab dem Theodulpass vom Kranz der Viertausender abgelöst, die Zermatt wie eine Arena umstehen. Einmalig im Abstieg vor allem auch der unmittelbare Blick auf das Breithorn und die von ihm herabfliessenden Gletscherströme.

Wer zu Fuss von Breuil starten möchte, hat mehrere Möglichkeiten. Die kürzeste Route führt die Strasse hinauf zur Albergo Monte Cervino. Kurz vor diesem zweigt nach rechts der Wander-

Seit Jahrhunderten führten alte Handelswege über den Theodulgletscher. Heute ist hier Sommerskigebiet und Durchgang des Matterhorntreks.

Über den Theodulgletscher geht es zum Trockenen Steg, wo sich auf der Aussichtsterrasse bei Speis und Trank ganz angenehm das Matterhorn betrachten lässt.

9. Etappe

Breuil-Cervinia–Plan Maison–Col Theodul–Zermatt

Routencharakter

Abgesehen von den wirklich grandiosen Ausblicken auf die Gipfelwelt offenbart der Nahblick eher Bedenkliches, denn die Route führt durch ein stark von den Spuren des Skitourismus gezeichnetes Gelände. Das Matterhorn ist endlich wieder fast ständiger Wegbegleiter, faszinierend der Wandel seiner Gestalt im Verlauf des Weges.

Schwierigkeit

T4. Verhältnismässig einfache Wegführung, ausser dass ab dem Theodulpass ein Gletscher überquert werden muss. Auch wenn Skifahrer ungesichert über den Theodulgletscher flitzen, lässt sich zu Fuss nicht ebenso über die verschneiten Spaltenfelder wandern. Generell gilt: einen Gletscher nur angeseilt überschreiten, auch wenn er, wie hier, noch so harmlos wirkt.

Gehzeiten

Gesamtzeit: 8½ Std.; mit Seilbahnbenutzung bis Plan Maison: 6½ Std. sowie mit Seilbahnbenutzung von Trockener Steg: 3½ Std.
Breuil-Cervinia (2003 m)–Plan Maison (2554 m): 1½ Std.
Plan Maison–Col Theodul (3317 m): 3 Std.
Col Theodul–Trockener Steg (2939 m): 1 Std.
Trockener Steg–Zermatt (1616 m): 3 Std.

Höhendifferenz

1295 m im Aufstieg, 1686 m im Abstieg; mit Seilbahnbenutzung: 800 m im Aufstieg, 380 m im Abstieg.

Abkürzung

Seilbahn Breuil–Plan Maison, Betrieb 8–17 Uhr. Seilbahn Trockener Steg–Furi–Zermatt, Betrieb 8.20–17 Uhr, Juli/August 7–18 Uhr.

Bergführer

Walter Belotti (mit Sabrina und Gorgio Carrel), Bergführer und Hüttenwart der Theodulhütte, begleitet auf Wunsch über den Theodulgletscher: Telefon +39 0166 94 94 00, gorgio.carrel@galactica.it.

Unterkünfte

Bergstation Plan Maison: Hotel Lo Stambecco, Telefon +39 0166 94 90 53; Refuge Théodule (3317 m), ganzjährig geöffnet, Telefon +39 0166 94 94 00; Gandegghütte, Telefon +41 (0)79 607 88 68.

Karte

Landeskarte der Schweiz, 1:50 000, 283 T Arolla und 287 T Mischabel (mit rot eingezeichneten Wanderwegen), oder 1:25 000, 2515 Zermatt - Gornergrat

Als moderner Bau präsentiert sich die Theodulhütte.

weg ab, der nach La Vieille aufsteigt. Dann geht es unter der Seilbahn hindurch und links hoch, vorbei an Tramáil de la Vieille zur Bergstation von Plan Maison, die rechter Hand passiert wird. Ein breiter Weg führt nun den Lifttrassees entlang unter den Schuttflanken des Furgggrats nach Osten. Ab der Cappella Bontadini (3042 m) wird es zunehmend steiler, meist müssen noch Altschneefelder gequert werden, bis schliesslich der Theodulpass (3301 m), die Grenze zwischen Schweiz und Italien, erreicht ist.

Der Theodulpass

Dieser geschichtsträchtige Übergang hiess früher Augstpass, benannt nach Kaiser Augustus (63 v. Chr. bis 14 n. Chr.), dem die Region viele Stadtgründungen wie etwa Aosta/Augusta Praetoria verdankt. Zu seinen Zeiten war der Theodulpass bereits eine rege genutzte Handelsroute, deren Verlauf zwar beschwerlich, aber grösstenteils eisfrei war – daher rührt auch der Name Trockener Steg. Die Zermatter besuchten die Märkte in Breuil und Valtournenche und umgekehrt. Man tauschte Grundnahrungsmittel und Vieh, auch Rotwein, den man in Schläuche abfüllte. Später wurde der Pass dann in Gedenken an den heiligen Theodul, den ersten Walliser Bischof, der sich im 4. Jahrhundert viel für die Region eingesetzt hatte, umbenannt. Im Wallis auch Sankt Joder genannt, wird er dort als Landespatron verehrt und am 16. August gefeiert.

Über die Herkunft des Heiligen weiss man so gut wie nichts. Überliefert ist einzig, dass der heilige Protasius, Bischof von Mailand, Theodul um 349 als Oberhirten ins Wallis schickte; dieser liess sich dort in Octodurus, dem heutigen Martigny, nieder. Später, um 585, wurde der Bischofssitz nach Sitten verlegt. Durch seine weise und fromme Lebensführung und eine wundertätige Begabung hat

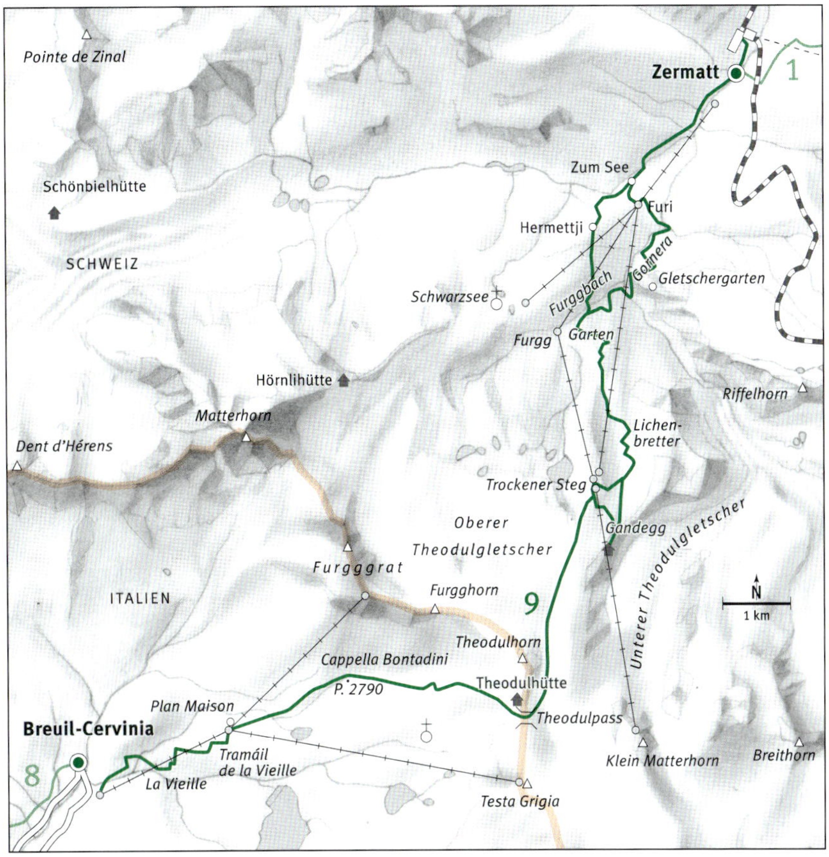

Theodul viel zur Verbreitung der christlichen Religion beigetragen. Sein Andenken ist bis heute in Legenden lebendig geblieben. Die berühmteste ist die Glockenlegende: Eines Tages offenbarte sich Theodul, dass der Papst in Rom in grosser Gefahr schwebe. Keine Frage für den Heiligen, seinen «Chef» zu warnen. Doch wie? Ratlos öffnete er das Fenster und gewahrte voller Erstaunen davor drei Teufel, die fröhlich miteinander tanzten. Da rief eines der Teufelchen frech den Oberhirten herbei. Er solle doch feststellen, wer von ihnen der schnellste sei. Der eine gab vor, er sei geschwind wie der Wind, der andere konterte, dass er schneller laufe, als die Kugel aus einem Rohr schiesse. «So ein faules Gerede», gab der Dritte von sich. «Ich fliege durch die Welt wie ein Weibergedanke.» Theodul nahm sich den Letzten vor: «Ich verspreche dir meine Seele, wenn du mich, noch bevor morgens die ersten Hähne krähen, nach Rom und wieder zurück nach Sitten bringst.» Freudig nahm der Satan das Angebot an und kommandierte einen schwarzen Hahn als Wächter an die Stadtmauer. Der Heilige hingegen postierte einen weissen Hahn auf dem Giebeldach des Schlosses, nicht ohne ihm vorher eingeschärft zu haben, ja nicht zu verschlafen. Mit Hilfe des Teufels war Theodul blitzschnell in Rom und konnte den Papst noch zur rechten Zeit warnen. Aus Dankbarkeit schenkte ihm das päpstliche Oberhaupt eine Glocke, die Theodul dem Teufel mit auflud. Noch vor zwei Uhr morgens war er mit der doppelten Last bereits im Anflug auf Sitten, da bemerkte der weisse Hahn seinen Herrn und krähte aus vollem Halse. Von dem Geschrei erwachte der schwarze Hahn und stimmte mit ein. Voller Zorn über die verlorene Wette schmiss Satan die Glocke mit solcher Wucht zu Boden, dass sie neun Ellen tief im Erdreich versank. Als der Bischof darauf rief: «Dona, Dona lit!», begann die Glocke zu läuten und kam klingend wieder zum Vorschein. Fortan war dies die Sankt-Jodern-Glocke, die lange gegen Unwetter Wunder vollbrachte. Vor allem in der Kunst des Mittelalters findet sich die populäre Sage dargestellt. Nicht nur in Stein und Holz ist die Glocke nachgebildet, sie wurde auch in vielen Variationen gemalt und in Münzen geprägt. Sehr begehrt waren auch kleine Bruchstücke des Originals, die dann als Reliquien in neu zu giessende Glocken mit eingebunden oder später angelötet wurden.

Gletscherfunde

So beklagenswert der Rückzug der Gletscher ist, werden so immer wieder auch Zeugnisse freigelegt, die weit zurück in die Vergangenheit führen, Lücken in der Geschichte füllen, Vermutungen bestätigen, aber auch viele spannende Rätsel hinterlassen, wie der Fund einer kunstvoll geschliffenen neolithischen Steinaxt, deren Typ der Herstellung ursprünglich in der Bretagne üblich war; niemand weiss, wie sie den Weg zum Theodulpass gefunden hat. Einen sensationellen Fund machte man Ende der achtziger Jahre mit der Freilegung des «Söldners vom Theodul» nahe der Gandegghütte, der in seiner Komplettheit einzigartig war: Schädel, Skelettfragmente, Schuhe, Kleidungs- und Schmuckstücke, Reiterdegen und Dolch lassen bei dem bewaffneten Reiter auf einen Offizier schliessen, der

Harmlose Firnfelder müssen im Aufstieg von Plan Maison zum Theodulpass überwunden werden.

vermutlich auf dem Heimweg aus dem Kriegsdienst war und dabei einer der tückischen Gletscherspalten zum Opfer fiel, die ihn vierhundert Jahre tiefkühlte. Aufgrund des Alters der von ihm mitgeführten Münzen, die zum grössten Teil aus dem Piemont und der Lombardei stammen, muss sich das Unglück Ende des 16. Jahrhunderts zugetragen haben. Im Mittelalter war Italien in zahlreiche Fürstentümer aufgeteilt. Ihre Oberhäupter besassen das kaiserliche Münzrecht und prägten lokale Münzen. Auf den identifizierten Münzen befinden sich unter anderem die Porträts von Philipp II., dem König von Spanien, und von Carlo Emanuele, dem Fürsten von Savoyen und Piemont.

Während das neolithische Beil im alpinen Museum von Zermatt bewundert werden kann, hat sich dort, obwohl geplant, für den Söldner kein Platz gefunden. Er befindet sich heute im Forum der Schweizergeschichte in Schwyz.

Die Walser

Lange haben Wissenschaftler und Forscher darüber gegrübelt, was es mit den deutschen Sprachinseln in den südlich angrenzenden italienischen Tälern auf sich hat. Aus noch ungeklärten Gründen fand im Spätmittelalter eine Kolonisationsbewegung im Alpenraum statt. In mehreren Schüben wanderte das Volk der Walser, ursprünglich alemannische Siedler, die sich vom Berner Oberland kommend im Oberwallis angesiedelt hatten, über den Theodulpass und angrenzende Hochgebirgspässe nach Italien aus. Weitere Migrationswanderungen folgten in nordöstlicher gelegene Gebirgsregionen in Lichtenstein, Vorarlberg, Tirol und Oberbayern. Sahen die Bergbewohner von damals die Auswanderung vielleicht als einzige Möglichkeit, das Problem der Überbevölkerung in den Griff zu bekommen? Das Leben in den extremen Höhenlagen ihrer Siedlungen war karg und gab für die kinderreichen Familien kaum genug her. Immer höher legten sie ihre Heimstätten an, wo zuvor noch nie Menschen gewohnt hatten. Dadurch isolierten sie sich stark, lebten in Selbstverwaltung und Selbstversorgung, während die Bauern im Tal damals meist Leibeigene waren, und konnten so auch ihr Kulturgut besser bewahren.

Links etwas oberhalb des Passes thront das wuchtige Rifugio del Theodulo (3317 m). Die Route setzt sich über den Theodulgletscher nach Norden fort. Nachdem man sich angeseilt hat, hält man sich am Rand der Skipiste (Sommerskigebiet!) und

erreicht in gemächlichem Abstieg den unübersehbaren Betonkomplex der Gondelstation Trockener Steg (2939 m). Mit jedem Schritt über den Gletscher kehrt die gewohnte Form des Matterhorns zurück, das scheinbar dem in der menschlichen Seele gespeicherten Urbild eines Berges entspricht und die meisten tief berührt.

Früher konnte auf halber Wegstrecke, nach etwa anderthalb Kilometern, der Gletscher nach rechts gegen Nordosten zu einem Felsrücken überquert werden, um auf direkterem Weg die aussichtsreiche Gandegghütte (3029 m) zu erreichen. Durch die Ausaperung des Gletschers versperren heute viele offene Spalten diesen Weg. Wer dennoch zur Gandegghütte möchte, steigt erst zum Trockenen Steg ab, um von dort in 30 Minuten und 100 Höhenmetern wieder aufzusteigen und über einen Felsweg zur Hütte zu gelangen.

Vor Erreichen der Station Trockener Steg zweigt nach rechts der Wanderweg Richtung Zermatt ab. Er führt im Abstieg zunächst durch die sogenannten Lichenbretter. Die merkwürdige Bezeichnung hat mit Bergsteigerleichen nichts zu tun, sie lässt sich auf das keltische Wort likkan (Steinplatte) zurückführen. Fragmente des alten Saumpfades zum Theodulpass in Form vertikal aufgerichteter Steinplatten haben sich hier abschnittsweise noch erhalten können. Zudem wurde diese wichtige Verkehrsroute von nicht immer friedlich gesonnenen Kriegerscharen genutzt, die mit blutigen Auseinandersetzungen dem Namen alle Ehre erwiesen.

Bald darauf durchwandert man die Alpgründe von Garten (2509 m), lässt den Abzweiger nach Furgg und Schwarzsee links liegen und erreicht den Steg über den Furggbach. Jenseits setzt sich der Weg über Schrofen fort und erreicht nach einem Waldstück den Weiler Hermettji (2053 m). Durch Wald- und Wiesengelände steigt man weiter nach Norden ab, über die schmucken Weiler Zum See (1766 m) und Blatten (1738 m), erreicht schliesslich den Zusammenfluss von Gornera und Zmuttbach und bald darauf Zermatt.

Wer noch keine müden Beine hat, kann alternativ am Furggbach eine landschaftlich sehr reizvolle Variante angehen. Statt über den Steg zu setzen, bleibt man am rechten Ufer, steigt ein Stück die Skipiste ab und überquert den Bach erst beim Brücklein eine Etage tiefer. In drei Kehren zieht ein Weg zur nächsten Brücke (1945 m) hinunter, bei der es jenseits nach links in den Gletschergarten (1955 m) geht. Eine faszinierende Formenvielfalt haben eisige Zeiten hier am Dossen zurückgelassen, die dank der Freilegung von Yvo Biner nun über Wege und Stege besichtigt werden kann. Man wandelt zwischen Gletschertöpfen und -mühlen durch blank geschliffenen Fels, den sich die Natur durch zarten Pflanzenwuchs wieder zurückzuerobern versucht. Unterhalb stösst man auf einen Fahrweg, der nach links zur nahen Gondelstation Furi führt.

Wer nicht die Seilbahn vom Trockenen Steg benutzt, passiert im Abstieg nach Zermatt den Weiler Zmutt (oben).
Sogenannte Mäuseplatten schützen die Vorratsspeicher vor Überraschungen (unten).

Im rosa Hauch erster Sonnenstrahlen zeigt sich das Matterhorn am schönsten.

Iris Kürschner

geboren 1965 in Baden (Schweiz), Fotojournalistin für renommierte Zeitschriften und Buchautorin mit Schwerpunkt auf Outdoorthemen (Trekking, Bergsteigen, Klettersteige, Reiten u.a.) im Alpenraum und im Himalaya. 1999 Himalaya-Reportage für den NDR. Über 15 Buchpublikationen, vorwiegend Wander- und Trekkingführer. Lebt heute abwechselnd in Grindelwald und im deutschen Markgräflerland an der Basler Grenze.

Um die Angaben zum Matterhorntrek auf dem aktuellsten Stand zu halten, ist die Autorin für jeden Lesertipp dankbar. Ihre Anschrift:
Iris.Kuerschner@powerpress.ch;
www.powerpress.ch.

AT Verlag, Baden und München
Fotos: Iris Kürschner
Kartenausschnitte: Atelier Guido Köhler & Co., Binningen
Lithos: AZ Print, Aarau
Druck und Bindearbeiten: AZ Druck und Datentechnik, Kempten
Printed in Germany

ISBN 3-03800-275-5

www.at-verlag.ch